国学经典 | 典藏版

金刚经 心经

〔后秦〕鸠摩罗什 译　　〔唐〕玄奘 译

田茂志 注译

中州古籍出版社
·郑州·

图书在版编目（CIP）数据

金刚经 /（后秦）鸠摩罗什译；田茂志注译. 心经 /（唐）玄奘译；田茂志注译. —郑州：中州古籍出版社，2022.11（2025.2重印）

（国学经典：典藏版）

ISBN 978-7-5738-0447-1

Ⅰ.①金…②心… Ⅱ.①鸠…②玄…③田… Ⅲ.①佛经②《金刚经》-注释③《金刚经》-译文④《心经》-注释⑤《心经》-译文 Ⅳ.① B942.1

中国版本图书馆 CIP 数据核字（2022）第 226329 号

JINGANG JING　XIN JING

金刚经　心经

出 版 人	许绍山	
策划编辑	刘　晓	
责任编辑	刘　晓	
责任校对	唐志辉	
美术编辑	曾晶晶	

出 版 社	中州古籍出版社（地址：郑州市郑东新区祥盛街27号6层　邮编：450016　电话：0371-65723280）
发行单位	河南省新华书店发行集团有限公司
承印单位	河南新华印刷集团有限公司
开　　本	640 mm×960 mm　1/16
印　　张	12.75
字　　数	165 千字
印　　数	21 001 — 31 000 册
版　　次	2022 年 11 月第 1 版
印　　次	2025 年 2 月第 4 次印刷
定　　价	43.00 元

本书如有印装质量问题，请联系出版社调换。

目 录

金刚经

前言 ... 3

金刚般若波罗蜜经

    姚秦三藏法师鸠摩罗什 译 ... 15

附录 金刚般若波罗蜜经 ... 118

主要参考书目 ... 130

后记 ... 131

心经

前言 ... 135

般若波罗蜜多心经

    唐三藏法师玄奘 奉诏译 ... 137

《心经》七种译本 ... 184

  般若波罗蜜多心经(玄奘) ... 184

  摩诃般若波罗蜜大明咒经(鸠摩罗什) ... 185

  佛说圣佛母般若波罗蜜多经(施护) ... 186

  普遍智藏般若波罗蜜多心经(法月) ... 187

  般若波罗蜜多心经(般若、利言等) ... 189

般若波罗蜜多心经（智慧轮） ———————————— 190

般若波罗蜜多心经（法成） ———————————— 192

主要参考书目 ———————————————————— 194

后记 ——————————————————————— 195

金刚经

前 言

佛教经典三藏十二部,浩瀚无边。如果要概括佛教的所有教导,应是慈悲与智慧二者。所谓慈悲,就是不分亲疏爱憎,平等地给予众生一切安乐和拔除众生的一切痛苦;所谓智慧,就是能够去除自心无明,从而认知宇宙和人生的真相。慈悲与智慧二者,缺一不可,只有具有智慧才能真正地生起对众生的慈悲之心;而只有对众生真正的慈悲,也才能使自己在忘我的行为中亲证无我的智慧。

佛教认为,众生之所以轮回,就是因为众生有无明的惑染,妄认为自己所感知的一切都是真实的,不明白事物空性的本质。不明白事物的真相,就是由无明带来的愚痴。由于愚痴,便产生了各种执著,由于自己的执著,便对自己喜欢的东西生起贪心,对自己不喜欢的东西生起嗔心,因贪嗔痴而造业,因造业而受报,从而轮回不息,不能解脱。

如果能够了知这一切都是幻化无实的,于所爱不生贪心,于所憎不生嗔心,住于平等舍心,便会渐渐地从无明的束缚中解脱出来,无明的减少,也就代表着智慧的增多。又由此平等舍心而渐证空性,一旦真正地证悟空性,也就会现见这世间的一切确实"无我"、"无人"、"无众生"、"无寿者",从而了知佛教所说的一切,并不只是理论,而是一种能够达到的状态,古印度释迦王子,就是已经证得这种境界的人。证空性后，就会对众生由于愚痴不见真相，而造业受报、轮回不息生起真正的无缘大悲。大悲和智慧二者的结合，便会成就诸佛菩萨广大的利生事业。

这部《金刚经》所阐明的，就是这种"无我"、"无人"、"无众生"、"无寿者"，一切法空的智慧之理。

一、引 言

在佛教，般若学说是一个非常重要的组成部分，所以如果要全面地了解佛教，就必须了解般若学说。

在佛教典籍的翻译过程中，将般若类经典第一次有系统地翻译成汉语的，是姚秦时的鸠摩罗什法师，以《大品般若》、《小品般若》、《大智度论》、《中论》等重要经论为代表。后来玄奘法师又对般若经进行了全面翻译，即《大般若经》600卷，包括了般若系16种经典（即十六会）。

浓缩般若经典精华，言简意赅表达出般若思想的，即为《金刚经》。它在佛教中有着非常重要的地位，所以历代对《金刚经》的注疏不可胜数。这同时也说明了《金刚经》中包含了十分丰富的义理，要彻底理解《金刚经》并不是件容易的事情。

《金刚经》是一部哲理性和实践性都很强的经典，要理解它至少要具备两个前提：一是首先要了解佛教中的一些基本概念和道理；二是要有哲学的思维方法。第一点不用多说，这就像要学会大学知识就要具有小学到中学的知识一样。关于第二点，因为佛教本身是一个庞大的体系，其中有完整的人生观、世界观、认识论和实践论，这些都是要上升到哲学层次才能完全弄清楚的，所以一些哲学的思维方法是不可缺少的。

为了使读者能够更好地理解《金刚经》，本书先简要介绍一下佛教的世界缘起观，然后从佛教缘起性空的角度来认识佛教所说的空性，这些对于理解《金刚经》会有非常大的帮助。

二、佛教世界缘起观

1. 问题的提出——世界是什么样子的

世界究竟是什么样子的？这好像是一个不难回答的问题。因为只要我们想看，我们随时都可以看一眼这个世界。如果真有人问这个问题，人们可能会不假思索地说："世界就是我们看到的这个样子啊。"如果不加分析，这样的回答无可怀疑，但如果仔细分析的话，也许人们就不会这样认为了。

比如我们看一件物体，从不同的角度观察，它便呈现出不同的形状；它的颜色也随着观察角度的不同而变化，从某个方向看是红色的部分，在另一角度看却变成了棕色。如果是不同的两个人观察同一个物体，由于两人不可能既在同一时间又在同一地点观察，再加上每个人的视觉特性会有所不同，虽然两个人的所见很是相似，但实际上，在两个人的心中对该物体的认识并不会完全相同。再如果其中一个人患有色盲症的话，情况更会大相径庭了。

再比如说桌面，如果粗略地观察，人们会说桌面是一个平面，但如果沿着桌面方面仔细观察，又会观察到实际上它并不是一个平面，有些地方会略高些，有些地方会略低些；如果用显微镜观察，又会发现所谓的桌面，竟然是些丘陵沟壑；如果换更高倍数的显微镜，也许只会看到一堆堆的原子。

于是问题产生了，究竟什么才是物体的形状呢？甲见到的是呢？还是乙见到的是呢？是用眼看到的是呢？还是用显微镜看到的是呢？更进一步，是人类所见的是呢？还是狗所见的是呢？虽然我们不知道狗眼中的世界到底是什么样的，但我们确信它一定有它眼中的世界。

如果你认为你所见的是真的，那别人也有理由说他所见的才是真的。即便你坚决地说世界就是你见到的样子，你也没有任何充分的理由说在这个角度见到的红色是物体的本来的颜色，而在另一个角度见到的棕色不是它本来的颜色，那么物体究竟是什么颜色呢？

在这个问题之上，另一个问题要比这更严重。那就是我们所见到的物体到底存不存在呢？为什么会有这样的问题？因为我们对世界一切的认识，归根到底都来源于我们的"视觉、听觉、触觉、味觉、嗅觉和感觉"，我们能确定的，最多是"我的眼中有了一种感觉，感觉到了一个红色的、方形的东西；我的身体上有了一种感觉，感觉到冷和硬；我的耳朵有了一种感觉，感觉到了一段优美的音乐，等等"。但这些都是我们身体的各种感觉，它并不能证明感觉到的东西就一定存在。

假如一个人在铁路附近闭着眼睛休息，有人用录音机放了一段火车开过来的声音，他可能会认为一列火车开了过来，而实际上，并没有火车；又如人们在看立体电影时，看到了很多好像很真实的东西，甚至有人会因为看到怪兽而吓得心脏病发作，然而，这一切都是光线和声音给人们造成的假象，实际上并不真实存在人们见到的那些东西；又如人们在梦中，梦中的一切是那么真实，然而，它们也并不真实存在。

那有没有什么理由，使我们相信现在见到的东西就是存在的呢？我们很难找到一个充分的理由。我们也不能说因为别人也见到同样的东西，所以这东西是存在的。因为"别人"是不是存在的本身就需要证明。也许"别人"如同我们在梦中见到的一样。事实上，我们没有任何理由。我们只是习惯上认为这一切是真实的。

在日常生活中，谁都不会如此地刨根问底。但有很多情况，需要人们对细节格外注意。比如一个画家，他对物体的颜色就会比平常人重视得多。别人看一眼，就会说麦田是绿色的，而他却会观察得更仔细，麦田并不是简单的一种绿色，这样才能画出逼真的麦田。又比如一个哲学家，他就会认真思考上面的这些问题，并试图给出结论。如果想了解事物的本质，就必须面对这类问题。

科学家和哲学家都在试图回答这些问题，其中有唯物主义者（几乎包括所有的现代科学家），有唯心主义者，还有很多"顺应习惯派"和一些"综合派"。唯物和唯心是最主要的两派，而且从来没有停止过争论。另外有些哲学家虽然没有充分的理由证明这一切就是真实存在的，但为了顺应人们的习惯，就以"说它们是真实存在的也没什么不好"，从而建立学说，演绎出一套理论。另外有些哲学家则综合了许多哲学思想。这些就不多说了。

之所以提出这样的问题，是为了能更好地理解佛教中这一部哲理性和实践性都很高的经典——《金刚经》。还是先看佛教如何回答上面的问题，然后再说《金刚经》。

2. 佛教的世界缘起观

（1）不同认知的原理

佛教对世界有着完整的认识。为了说明佛教对世界的解释，必须先明白几个基本的佛教概念。

能认识世界的六个要素：六识。即眼识，耳识，鼻识，舌识，身识，意识。这是能认识的主体。为简略起见，下文有时将这六识合称为"心识"，或简称为"心"。

所认识的世界：六境。即色，声，香，味，触，法。这是被认识的客体。色，即眼所对境，如青黄赤白、长短方圆等。声，即耳所对境，即我们平常所说的各种声音。香，即鼻所对境，如香、臭、不香不臭等。味，即舌所对境，如酸、甜、苦、辣、咸等。触，即身所对境，如滑、涩、重、轻、冷、暖、饥、渴等。法，即意识所对境，如我们的各种思想、好坏分别等。

中间的媒介：六根。即眼根，耳根，鼻根，舌根，身根，意根。六识藉由六根，对六境进行认知。如果某根损害，则不能对其相应之境进行认知。如眼根坏，则不能见色；耳根坏，则不能闻声，等等。

人们所认识到的世界，即是六识通过六根，对六境进行的感知。也就是说，这是六识、六根、六境综合作用的结果。其中六识为能认识，六境为所认识，六根为二者的媒介。这三者中任何一方发生变化，均会引起对世界认知的变化。

六境发生变化，如原来的平地上，盖起了一座高楼，那么正常的人都会看见此处多了一座高楼。

六根发生变化，同样会影响人们所感知的世界发生变化。如眼根有病的人，可能会看见空中的幻相，但这种幻相在正常人的眼中是不存在的；耳根有病的人，可能会听到别人听不见的幻声等。

六识发生变化，也会使所认知的世界变得不同。有些科学家在研究动物眼中的世界，换句话说，也就是在研究不同的"识"所感知到的世界。

这种情况推广到对香、味、触、法的认知，不同的识和根对境的认识是不同的。尤其在意识上，人和动物的差异就更加显著，在某种程度上，这是区分人和动物的标准。

造成对境的认知有如此差异的原因，"识"和"根"均起着很大的作用。当然这就提出了一个新的问题，就是"根"和"识"的之间是什么关系，后面会对这个问题进行说明。

不同的识和根，对境的认识可能完全不同。由于种种的原因，世界在不同生命的心中是不同的。既然如此，也就没有理由只承认我们所认识到的世界，而不承认其他人所认识到的世界。

这种事实也说明了佛教中一个最基本、也是最深刻的道理：即我们所认知的所谓的世界，其实并没有一个恒常不变的实实在在的本体，不同的生命形态（即具有不同的识和根的生命），对它的认识（即境）可以完全不同。

（2）世界的缘起

正因为外部世界（境）并没有一个恒常不变、实实在在的本体，所以它才可以在不同的生命面前表现出多样性。比如人和动物对世界的认知就不相同。

在佛教里，除了人和动物（佛教中称为人道和畜生道）外，还有一般人看不见的生命形态，其中属于凡夫层次的还包括天人、阿修罗、饿鬼和地狱众生（此即六道）；不属于凡夫层次的有罗汉、辟支佛、菩萨和佛。同样的原理，世界在他们的眼中也会完全不同。佛教中有一个经典的例子，就是人类眼中的水，在天人的眼中是甘露，在饿鬼的眼中是脓血，在地狱众生的眼中是铜汁，在鱼的眼中是宫殿，在佛的眼中则是究竟的实相。

这种多样性背后的原理，就是佛教中说的"缘起"。"缘起"揭示了一切事物的现象和它的本质。

从现象层面上说，一切万物皆由因缘合而生，因缘散而灭；从本质层面上说，因为一切万物都藉因缘而生，所以并无恒常不变的本体，这就是万物的空性本质。用佛教的术语，万物的本质即是"缘起性空"，万物的现象即是"性空缘起"。这是一体的两面，不可分割。因为缘起而性空，又因为性空，缘起才能成立。

由缘起的道理，我们很容易理解不同的生命形态所感知的世界并不相同的原因。由于具有不同的根和识，所以对境会产生不同的认知结果。即使是同类生命形态，它们所认知的世界，也只能说是"大致相同"，而不能说完全相同。这种对世界"大致相同"的认知，也正说明了认知者的"心识"大致相似。

对同样的事物，存在如此差别的认知，说明了我们所认识到的事物，只不过是因缘而生的一种"假相"而已。它们只是六根在对六境时，六识中产生的各种认知。在某些因缘作用下，会产生这样的认知，在其他因缘作用下，也可以产生其他的认知，这是对一切现象都没有一定本质的很好诠释。

是什么原因，造成不同的生命形态具有不同的六根和六识呢？这即是佛教中所说的"业"。身、语、意的一切活动，都为业，最终都反应到心识当中，从而造成心识的差异。如果造的业相似，就会使心识很相似。佛教所说的"六道众生"，即是从大的方面说，存在着六种层次的"心识"状态。

以心识为因，便会产生相应的六根。在佛法的十二因缘中，把这称为"识缘名色，名色缘六入"。十二因缘即无明缘行，行缘识，识缘名色，名色缘六入，六入缘触，触缘受，受缘爱，爱缘取，取缘有，有缘生，生缘老死。在十二因缘中，行即指造作，有造作也就有了业，业和心一起，便形成识，有了识便有了众生最初的身体和精神现象（名色），进而形成六根。六根接触外境，形成各种感受，分别好坏，产生爱憎，因爱而取，这些又都是业，这些业又会集于识中，从而轮回不息。

因为心识的内容是由业来决定，所以业大致相同的众生就成为一道。在同一道中，众生的身体（六根）和所感受到的外境都大致相同，这一现象在佛教中，就称为众生的"共业"。因而佛教中说，世界是由众生的共业而形成的。

在同类众生当中，个体所造的业不会完全相同，这就是个体的"别业"。由于"别业"的不同，个体众生的心识和六根也不会完全相同。比如有人一生下来就是瞎子或傻子等。因此即便是同一类的众生，对世界的认知也不会完全一样。

由于根、境、识三者的相依缘起，地狱众生所感知的外境为火海、铜汁、刀山等；饿鬼众生所感知的外境为无水无食、脓血、污秽等；天人所感知的外境是上妙饮食、美丽宫殿等；人类所感知的外境是我们眼前的世界。这都是由同类众生"共业"所造成的。

又如在饿鬼道众生中，也有饮食不缺的；在人类中，各个人的处境也各不相同，这都是由个体的"别业"所造成的。"业"的差别，是这一切差别的根本原因。

如果改变能认知的"心识",则一切都会随之而变。大到整个世界,小到每一个具体的事物。这就是佛教中的实践观,此非本书重点,在此不再论述。

三、佛教缘起性空的思想

《金刚经》的主旨即是说"一切法空"。

这里所说的"法",梵语为达磨(Dharma),有两种意思:一为能持自性义,即一切法各守其性。如我们所见、所闻一切现象,山为山,水为水,树为树,声为声等,各有其性相,不相杂乱;二为轨生胜解义,因由所见所闻,在心中生起对这一切的概念描述和推理等。比如由对两个东西的比较,而生起"大"、"小"的概念;看见物体的形状,而生起"方"、"圆"等概念;见到人皆有死,而生起"凡人皆死"的推理,等等。这些都是"法"之范畴。

简单地说,凡是能见所见、能闻所闻、能尝所尝、能嗅所嗅、能触所触、能思所思之一切,都属于佛教中所说的"法"。或者说,佛教所说的"法",包含了"宇宙"中的一切。世亲论师曾造《大乘百法明门论》,对一切法进行了分类,总计有五类,共一百种,也即五位百法,在此不作详述。

"法"的含义如此,"一切法空",即是说宇宙中的这一切现象、道理等,皆为"空性"。所谓"空性",意义很多,可从"原理"和"实践"两个方面说明。

从"原理"上而言,即缘起性空。因一切法因缘和合而有,最终莫不散坏,无有恒常不变的本体,所以说一切法都是空性。如果法有恒常不变的本体,那么这个法就会一直存在,它就不会藉因缘而生。也就是说,如果"谷"有恒常不变的本体,那么它就不是因为"种子"、"土壤"、"水"、"空气"等因缘而有的,但事实上,没有一个法不是因缘而有的,所以说一切法的本质都是空性。

说诸法"空",并不是说诸法"没有"。因为一切法是因缘生,所以说诸法空,这是在说各种"现象"背后,没有一个独立存在的"本体",并不是在说"现象"本身不存在。虽然各种"现象"没有恒常不变的"本体"存在,但各种"现象"仍然会假因缘而有生灭。也即,虽然没有"有本体"的"谷"生,但因种子、土地、阳光、水分等因缘,仍有"无本体"的"谷"出生的现象,并非全无"谷"生。所以"谷"虽生而性空,虽性空而又有生灭现象。

　　所以,"缘起"说明万事万物的"现象",而"性空"则说明万事万物的本体。缘起和性空是不可分割的一体两面。

　　从"实践"上说,空性是佛亲身到达的境界。佛如实见到了一切法究竟本来的面目,其中不见有一法实有,故而说一切法空。当然"原理"和"实践"也不能分离。

　　《金刚经》即是对于一切法,悉皆破除,显其空性。需要强调的是,并非一切法本来"实有",佛强加破除,而是一切法本来"无有",是人们妄执其为"有",所以佛才予以破除。故而经说,佛未曾破一法。因为本来就没有法可破,佛只是在破众生心中对法的执著。

四、金刚经的翻译和注疏

　　《金刚经》最早由姚秦鸠摩罗什于弘始四年(402)译出,一卷,全称为《金刚般若波罗蜜经》。以后相继出现五种译本:①北魏菩提流支译《金刚般若波罗蜜经》;②南朝陈真谛译《金刚般若波罗蜜经》;③隋达摩笈多译《金刚能断般若波罗蜜经》;④唐玄奘译《能断金刚般若波罗蜜多经》(即《大般若经》的第九会);⑤唐义净译《佛说能断金刚般若波罗蜜多经》。另外,还有藏文、满文译本等。

　　《金刚经》梵文本在中国、日本、巴基斯坦、中亚等地都有发现,中国吐鲁番等地并有和阗、粟特等文字的译本出土。此经传入西方后曾被译成多种文字，1837年修弥笃根据藏译首次译成德文，1881年马克斯·缪勒将汉文、日文及藏文译本加以校订，译成英文，收入《东方圣书》第49卷。1957年爱德华·康芝又再次译成英文，收入《罗马东方丛书》第8卷。达尔杜根据梵文并对照中国满文译本，译为法文。日本宇井伯寿、中村元等曾多次译成日文。

《金刚经》释论很多。在印度，除弥勒所造八十偈释本之外，还有无著《金刚般若论》二卷，世亲《金刚般若波罗蜜经论》三卷，功德施《金刚般若波罗蜜经破取著不坏假名论》二卷。另师子月、月官等亦撰有论释，但无汉译本。

中国从东晋、隋唐直至清末民初，各家也撰述不绝。主要有：后秦僧肇《金刚经注》一卷，隋吉藏《金刚经义疏》四卷（一作六卷），智顗《金刚经疏》一卷，唐慧净《金刚经注疏》三卷，智俨《金刚经略疏》二卷，窥基《金刚经赞述》二卷，惠能《金刚经解义》二卷、《金刚经口诀》一卷，宗密《金刚经疏论纂要》二卷，宋子睿《金刚经同刊守记》四卷，清徐槐廷《金刚经解义》二卷等。

除《金刚经》的不同译本外，历代大藏经在收录时也产生了不同的版本。这些版本在个别语句上也有所不同，本文采用的是《乾隆大藏经》中鸠摩罗什的译本，这是因为罗什译本最为流传。至于为何选择《乾隆大藏经》中的版本，这并没有什么特殊的含义，但它和目前能见到的一些《金刚经》单行本，还是有些不同之处。当然采用何种版本并不影响对《金刚经》思想的理解。

金刚般若波罗蜜经[1]

姚秦三藏法师[2]鸠摩罗什[3]　译

[注释]

①金刚般若波罗蜜经：在佛教，由佛亲口所说的教法，统称为"经"，经又有"径"的意思，指经为修学佛法的路径；对经的注解和说明，称为"释论"，或简称为"论"。"经"又根据主题和内容的不同，分为三藏：经藏，主要阐述佛教道理并介绍三摩地、禅定、止观等修行方法。律藏，又称毗奈耶藏，即戒律，包括居士五戒、比丘戒、比丘尼戒、菩萨戒等，用于规范学佛人的言行，保证修学的顺利进行。论藏，又称阿毗达磨藏，这是佛教主要的哲学体系，重在智慧方面，内容包括心的起源、心的规律、世界、五蕴、佛性等。"释论"不是佛亲口宣说，而是佛的弟子所造，"释论"必须与"经"义相符，绝不能和佛经内容相抵触。

"经"是一种统称，"金刚般若波罗蜜"，是这部经的具体名称。金刚，即金（非现今所说的黄金，通指一切金属类）中至刚，能坏一切，又不为一切所坏，在此比喻般若智慧如同金刚，能够摧伏一切。般若，梵语音译，译为汉语即为慧、智慧。波罗蜜，梵语音译，汉语为度、到彼岸的意思，任何事情办成，都可说是波罗蜜。金刚般若波罗蜜，即是通过如同金刚的般若智慧，度脱三界苦海，到达解脱彼岸之意。

②三藏法师：法师指通晓佛法又能引导别人修行之人；三藏即指经、律、论。三藏法师即是指精通经、律、论的法师。

③鸠摩罗什：东晋龟兹国（今新疆库车）人，我国四大译经家之一。

如是我闻①。一时②,佛③在舍卫国④祇树给孤独园⑤,与大比丘⑥众千二百五十人⑦俱。尔时世尊⑧食时,着衣持钵⑨,入舍卫大城⑩乞食⑪。于其城中,次第乞已⑫,还至本处。饭食讫,收衣钵,洗足⑬已,敷座而坐⑭。

[译文]

这是我亲身经历、亲耳听闻的。那个时候,佛在舍卫国的祇树给孤独园,与一千二百五十名大比丘在一起。当时正是吃饭的时候,世尊穿好袈裟,手持钵盂,到舍卫大城中去乞食。在舍卫城中,世尊挨家挨户乞够所需饭食后,回到祇园精舍。吃过饭后,收好袈裟和钵盂,洗净双足,铺好座具,端身而坐。

[注释]

①如是我闻:这是佛经独有的开始语。在释迦牟尼佛入涅槃之前,弟子阿难尊者问佛,佛灭以后结集的经典以何作为开始。佛说一切经典应以"如是我闻"作为开始。"如是"是表示如其本来的意思,"我闻"是表示我亲自听闻的意思。"如是我闻"即是说这是我亲自听到、见到的,一切都是按照事情本来的情况而记录的,既没有增加,也没有删改,更没有杜撰,强调经典的真实性。

②一时:佛经中常用的语言,表示"在某个时候,在那个时候"的意思。在此就是指讲这部《金刚经》的时候。过去印度人对时间并不重视,而且佛法中也认为时间本质为空而无实性,所以佛经中常用"一时"来表示就在那时,并不记录准确的时间。

③佛:也称为"佛陀",梵语本义为"觉者",指完全觉悟并彻底证得宇宙本来面目的人。此处的"佛"特指释迦牟尼佛。

④舍卫国:为中印度古王国名。又作舍婆提国、室罗伐国、尸罗跋提国、舍啰婆悉帝国。意译闻物、闻者、无物不有、多有、丰德、好道。又以此城多出名人,多产胜物,故称闻物国。释迦佛在世时,波斯匿王统治此国。据《分别功德论》卷二载,佛陀于舍卫国前后居止二十五年,较住于其他诸国

长久。

⑤祇树给孤独园:"祇树"指祇陀太子(波斯匿王之子)的树木,"给孤独园"指给孤独长者的园林。

在古印度舍卫国,有一平生乐善好施的长者叫须达多,由于他经常以财物救济贫苦孤独之人,所以人称之为"给孤独"长者。在他皈依佛陀后,便想寻找一个地方为佛陀建筑精舍,因见祇陀太子的花园清净悦意,就想购买这个花园,然而太子却不同意。

"给孤独"长者多次请求,态度笃定,太子不好推辞,于是便以铺满整个花园的黄金作为出售的条件,以使须达多长者放弃。不料须达多长者果真从家中运来所有的黄金来铺地,太子被他的诚心所感动,于是答应将园林卖给他。

由于黄金未能铺到树木所在的地方,园中的树木仍为太子所有,太子将园中所有林木也一起奉献给佛陀,于是便以二人的名字将这个精舍命名为"祇树给孤独园"。精舍竣工后,佛陀在此处度过了许多雨季,很多经典也是在这里宣说。此处与王舍城的竹林精舍并称为佛教最早的两大精舍。

精舍之建筑,中央为佛殿,周围筑有八十小屋,有禅房六十三所,厨、厕、浴舍、病室、洗脚处等无不具备,颇为壮观,惜精舍之原构,早已不存。今所见之精舍遗迹,系后期所建,其规模远不及给孤独长者之所建。

⑥比丘:梵文音译。指在佛法中出家并受过具足戒的僧人。男性称为比丘,女性称为比丘尼。

⑦千二百五十人:指耶舍长者子朋党五十人、优楼频螺迦叶师徒五百人、那提迦叶师徒二百五十人、伽耶迦叶师徒二百五十人、舍利弗师徒一百人、大目犍连师徒一百人,共一千二百五十人。此一千二百五十人先从事外道修行,勤苦累劫而无所证,后承佛化导,而得证果,由于感佛之恩,他们遂于一一法会常随不舍,称为常随众,因此诸经之首列众多称"千二百五十人"。(《过去现在因果经》卷四、《普曜经》卷八)

⑧世尊:佛的十种称号之一。指佛福慧圆满,为世间最尊最重者之意。

⑨着衣持钵:衣,即袈裟,出家人穿的衣服。钵,即钵盂,梵语,意译为"应器"、"应量器",为比丘接受饭食供养用的器具。因为作为应供之用,所以称为"应器";又钵盂的大小依饭量而定,所以又称为"应量器"。

⑩舍卫大城：即舍卫城，舍卫国的首都。舍卫城地广人稠，是当时最大的城市之一，所以称为舍卫大城。

⑪乞食：乞讨而食。乞食有两种利益：(1) 自利，为杜绝俗事，方便修道。(2) 利他，福利世人，给予众生种福田的机会。

⑫次第乞已：挨家挨户地乞完食后。关于行乞的方法与威仪，据《增壹阿含经》卷四十七及《毗尼讨要》卷六记载，入城行乞时，要在道路侧旁行走，左手持钵，挨家挨户地乞食；以维持生命为限，心不贪着，所以得食时不喜，不得时也不忧，唯以去除旧疾，长养气力为要。

另据《法集经》卷一载，如来乞食有三意，即：(1) 不贪珍味，美恶均等。(2) 为破我慢，于富贵贫贱等家皆无拣择。(3) 慈悲平等，大作利益。

⑬洗足：印度气候炎热，僧侣外出时都是赤足而行，所以回来后有洗足的行为。

⑭敷座而坐：即铺好座位，安然而坐。

[解说]

佛经是对佛在世时言行的如实记录，所以在每一部经的开始，均会记述当时的场景。《金刚经》说于舍卫国的祇园精舍，当时在场的主要是常随佛左右的一千二百五十名比丘。在佛吃过午饭后，由解空第一的须菩提尊者，向世尊请教菩萨应该如何修行，佛和须菩提尊者的问答，便被记录成这部《金刚经》。

按照天台宗的说法，佛用了二十二年的时间来讲般若经，所有这些般若经的精华，都浓缩在现在流行的两部经《金刚般若波罗蜜经》（简称《金刚经》）和《般若波罗蜜多心经》（简称《心经》）之中。本经的开始为我们描述了一个亲切的场面，佛和平常一样同弟子们一起生活，以自己的智慧，为弟子们讲说各种教法。

时，长老①须菩提②在大众中，即从座起，偏袒右肩③，右膝着地④，合掌恭敬而白⑤佛言：

"希有⑥世尊，如来⑦善护念⑧诸菩萨⑨，善付嘱⑩诸菩萨。世尊,善男子、善女人⑪发阿耨多罗三藐三菩提⑫心,云何应住⑬,云何降伏其心⑭?"

佛言:"善哉!善哉!须菩提,如汝所说,如来善护念诸菩萨,善付嘱诸菩萨。汝今谛听⑮,当为汝说。善男子、善女人发阿耨多罗三藐三菩提心,应如是住,如是降伏其心。"

"唯然⑯!世尊,愿乐欲闻。"

[译文]

这时,须菩提长老在大众中,从座位上站起,偏袒出右肩,右膝跪地,双手合掌,恭敬地向佛请求道:

"希有难遇的世尊啊!如来您具有善巧方便,能够护持摄受一切菩萨;又有善巧方便,能够教化引导一切菩萨。世尊,如果有善男子、善女人发起了求证无上正等正觉的菩提心,行菩萨道,他们的心应该如何安住,又应该如何降伏妄想之心呢?"

佛说道:"很好!很好!须菩提,正如你所说的,如来具有善巧方便,能够护持摄受一切菩萨,以及教化引导一切菩萨。你现在认真地听,并且如理思维,我为你讲说。善男子、善女人如果发了求证无上正等正觉的菩提心,应该这样安住,这样降伏妄心。"

"好的!世尊,我们很乐意听您讲说。"

[注释]

①长老:对于修行好、智慧广或年长者的尊称。

②须菩提:佛的十大弟子之一。须菩提为梵语,汉语译为善业、善吉、善现、善实、善见、空生。他是佛陀弟子中最善长解空理者,被誉为"解空第一"。

须菩提尊者不只善解空义,而且能将空义应用在日常修行生活之中。有一次,须菩提尊者在耆阇崛山中缝衣服,当时他听说佛陀将到该地,本来想立刻动身出门去迎接佛,但在他即将动身时,想到不该以色身形相去衡量佛陀,因为一切法的本性"悉皆空寂,无造无作",而且佛陀也曾说过:"若欲礼佛者,当观于空法;若欲礼佛者,当计于无我。"(《增壹阿含经》卷二十八)因此，他立刻悟到真正的礼佛，不应住在佛陀的色身，而是要明了诸法性空，彻见如来法身，所谓"能礼所礼性空寂"。这件事例，说明了他之所以能获得"解空第一"美誉的缘由。

由于须菩提尊者善解空义，因此对一切现象都能透彻地体悟其实相，而不致被差别相所转，对外境的或逆或顺，皆能够不起执著，不起诤讼，所以他在佛弟子中，也拥有"无诤三昧，最为第一"的美誉。依《大毗婆沙论》记载，由于他常常沉浸在"无诤三昧"的境界中，有一次，有人问他是谁，他曾回答说："我是被世间人假立名称为'须菩提'的那个人。"

③偏袒右肩：脱去衣袖为袒，偏袒右肩即将右肩的衣袖脱去，袒露出右肩。为古印度礼节，表示恭敬。

④右膝着地：右膝跪在地上。古印度礼节，表示恭敬。

⑤白：下对上为"白"，上对下为"告"。如下文的"佛告须菩提……"

⑥希有：珍稀罕有。据《金刚经纂要刊定记》卷三，佛陀有四种希有，即：（1）时希有，谓佛陀出世罕有。（2）处希有，三千世界中，佛陀不出现于他处，唯降生于迦毗罗城。（3）德希有，佛陀乃是具无量福德之智慧者，以其最尊，无人能比，故谓德希有。（4）事希有，佛陀所作，悉以佛法普利众生，故为希有殊胜之事。

⑦如来：佛的十号之一。乘如实之理而来，为度化众生而来，由真如显现而来，虽来而无来，所以名为如来。

⑧善护念：善即善长、善巧的意思。护念，是护持、摄受、忆念的意思。

⑨菩萨：全称为菩提萨埵，菩提是觉、觉悟之义，萨埵是有情之义。菩萨即自己觉悟，并发心令他人也觉悟的有情。

⑩付嘱：吩咐，嘱托，教导。

⑪善男子、善女人：指皈依佛、法、僧三宝，发心学佛的男女。

⑫阿耨多罗三藐三菩提：梵语，汉译"阿"即"无"，"耨多罗"即"上"，"三"即"正"，"藐"即"等"，"菩提"即"觉"，合在一起即为"无上正等正觉"。阿耨多罗三藐三菩提旧译为"无上正遍觉"、"无上正遍知"、"无上正等道"等，唯佛证得。

⑬云何应住：应该如何安住，应安住在何处之义。

⑭降伏其心：降住、制伏无始以来的妄想之心。

⑮谛听：谛实思维而听。

⑯唯然：恭应之词，连声应诺而不表异议的意思。

[解说]

如来以智慧故，不住轮回，以大悲故，不住涅槃。佛以无量的方便教化众生，对于未发菩提心者，令发菩提心；对于已发菩提心者，令其菩提心不退；对于已经不退转者，令其成熟解脱，此即经中所说"如来善护念诸菩萨，善付嘱诸菩萨"。

"善护念"，是对菩提心已经成熟的菩萨而说，佛能够在这些菩萨身中给予智慧之力，使其成就佛法，同时，这些菩萨又可以教化无量的众生。

"善付嘱"，是对菩提心尚未成熟的菩萨而说，对于他们尚未得到的功德，令其得到，已经得到的功德，令其不失；对已得不退转的菩萨，令其不舍众生，未得不退转的菩萨，令其胜进不退等，如此种种的方便引导，都可称为"善付嘱"。因为佛有无量的智慧与方便，所以能够教化引导众生最终到达究竟的佛地。

若要成就佛果，第一步便是要发菩提心。菩提心，在经中全称为"阿耨多罗三藐三菩提心"，即无上正等正觉之心。那如何才是发了此心？答案就是发起要度尽一切众生之心。众生发了菩提心，即称为菩萨，入大乘位。大乘的阶位依唯识宗可分为五位：即资粮位、加行位、见道位、修习位、究竟位。

资粮位是指含摄有漏善法以达佛果之位，含十住、十行、十回向位的诸菩萨。因为他们是以福德智慧为助道成熟的资粮，所以称为资粮位。此十住、十行、十回向位的菩萨，又称三贤位。

加行位指四加行（暖、忍、顶、世第一）位的菩萨，由于已有福慧资粮，再加功用行即可入见道位（即菩萨初地欢喜地），所以称为加行位。加行位是于资粮位所积集的善法，更进一步为得无漏智而加力修行之位。

见道位又称通达位，指欢喜地的菩萨能够亲身体会到空性，证得初无漏智，入菩萨初地而见圣道，所以称为见道位。

修习位又称修道位，指二地至十地菩萨，在见道以后，为了断一切障而修习根本智（即佛智），故称修习位。

究竟位即妙觉佛位，最极清净，更无有上，故称究竟位。发菩提心而称为菩萨，是指资粮位的菩萨，不是指见道位（初地）以上的菩萨。

发菩提心的利益和功德，根据经典，不能说尽。如《华严经·初发心功德品》天帝释问法慧菩萨："菩萨初发菩提之心，所得功德，其量几何？"法慧菩萨说道："此义甚深，难说、难知、难分别、难信解、难证、难行、难通达、难思惟、难度量、难趣入。"其后又以偈颂道："菩萨发心功德量，亿劫称扬不可尽，以出一切诸如来，独觉声闻安乐故。"是说此初发心的功德，就是用亿万劫的时间，也不能说完，因为一切如来、独觉（辟支佛）、声闻（阿罗汉）的一切安乐，都是由最初的菩提心而出生的。

同样在《华严经·入法界品》中弥伽大士对善财童子也说道："善男子！若有能发阿耨多罗三藐三菩提心，则为不断一切佛种，则为严净一切佛刹，则为成熟一切众生，则为通达一切法性，则为悟解一切业种，则为圆满一切诸行，则为不断一切大愿。"所以一切的功德，均可摄于菩提心之中。

《华严经》中又说道："欲得最胜第一道，为一切智解脱王，应当速发菩提心，永尽诸漏利群生。"是说如果想得到最上第一的佛道，具足一切智，成为解脱之王，就应当速发菩提心，这样才能永除烦恼，利益众生。

众生发起菩提心，就会受到诸佛菩萨的爱护。《华严经》中说道："三世一切诸如来，靡不护念初发心，悉以三昧陀罗尼，神通变化共庄严。"是说十方三世所有的佛，都会来护念这个初发心的菩萨，都会用总持三昧和神通变化之力，加持此初发心菩萨、庄严此初发心菩萨。这也体现了《金刚经》中所说的"如来善护念诸菩萨、善付嘱诸菩萨"的意思。

发菩提心是得到一切佛法成就的根本。《华严经》中说："菩提心是十力本，亦为四辩无畏本，十八不共亦复然，莫不皆从发心得。"是说佛的十力、四无畏、十八不共法等，都是由发菩提心而获得的。

又说："诸佛色相庄严身，及以平等妙法身，智慧无著所应供，悉以发心而得有。"是说佛的清净平等法身、庄严相好的报化二身以及佛的无上智慧，一切世间人天所应供养，这些也都是因为发菩提心而成就的。

又说："一切独觉声闻乘，色界诸禅三昧乐，及无色界诸三昧，悉以发心作其本。"再退一步，一切独觉、声闻乘的涅槃之乐，色界以及无色界天人的禅定三昧之乐，也是以发菩提心作为根本。

又说："一切人天自在乐，及以诸趣种种乐，进定根力等众乐，靡不皆由初发心。"即便再退一步，一切人天及诸趣的安乐，信、精进、念、定、慧等五根、五力等一切安乐，也无不是由初发心而来。所以如果想得到暂时和长久的安乐，想得到一切的佛法，想亲见十方诸佛，想度脱一切众生，都应当发起殊胜的菩提心。

佛在讲这部《金刚经》的时候，已经有很多的众生在佛的教导下发起了菩提心。然而发起菩提心之后紧接着的一个问题，就是如何修行，才能使菩提心不退，使菩提心增长和使菩提心圆满。因为众生虽然发了菩提心，但仍不免被种种的烦恼所困，被各种妄心所驱使。因此须菩提尊者就代表大家向佛请教这个问题道："世尊，善男子、善女人发阿耨多罗三藐三菩提心者，云何应住，云何降伏其心？"这是问佛如果有人发了无上正等正觉之心，应该如何安住呢？应该如何摄伏妄想之心呢？

佛首先赞扬了须菩提尊者一番，因为须菩提尊者所请问的，正是大多数众生都没有解决的问题。众生无始以来，一直处于无明烦恼之中，累劫累生，习气深厚，这些烦恼习气从未离心，所以虽发菩提心而难守持，虽欲度众生而自己却被烦恼束缚，虽欲修行而障难重重。即使能够深悟佛法之理，也由于难敌烦恼业力，不能进步。

须菩提尊者正是为后世众生而发问，其功德与悲心实不可思议。佛很欣慰尊者能提出这样的问题，尊者和在座的大众当然也很希望听到佛的指导，各种条件成熟，从而有了这部《金刚经》的诞生。

佛告须菩提："诸菩萨摩诃萨①，应如是降伏其心：所有一切众生②之类，若卵生、若胎生、若湿生、若化生③、若有色、若无色④、若有想、若无想、若非有想非无想，⑤我皆令入无余涅

槃⑥而灭度⑦之。如是灭度无量无数无边众生，实无众生得灭度者。何以故？须菩提，若菩萨有我相、人相、众生相、寿者相，⑧即非菩萨。

[译文]

佛告诉须菩提说："一切菩萨，包括大菩萨，应该这样降伏他们的妄心：所有种类的一切众生，无论是卵生、胎生、湿生还是化生，有色身还是无色身，有想、无想或非有想非无想的一切众生，我都要令他们入于无余涅槃而得到解脱。像这样解脱了无量无数无边的众生，而在菩萨心中却没有真实有众生得到灭度的想法。这是什么缘故呢？须菩提，如果菩萨有我相、人相、众生相、寿者相，就不是菩萨。

[注释]

①摩诃萨：即摩诃萨埵，"摩诃"意为"大"，"摩诃萨埵"即"大菩萨"，因其智慧、力量、方便等均较初发心菩萨为大。也有将"摩诃萨"译作"大士"者。

②众生：对三界六道一切有情的统称。

③若卵生、若胎生、若湿生、若化生：合称"四生"，指三界六道有情受生的四种类别。

(1) 卵生：由卵而出生者，称为卵生。如鹅、孔雀、鸡、蛇、鱼、蚁等。

(2) 胎生：又作腹生。从母胎而出生者，称为胎生。如人、象、马、牛、猪、羊、驴等。

(3) 湿生：又作因缘生、寒热和合生。即由粪聚、注道、秽厕、腐肉、丛草等润湿地之湿气所产生者，称为湿生。如飞蛾、蚊蚰、蠓蚋等。

(4) 化生：无所托而忽有，称为化生。如诸天、地狱、中有之有情，皆由其过去之业力而化生。以上四生，以化生之众生为最多。

④若有色、若无色：有色身的有情，为有色。有色即指欲界和色界的众生。无色界的众生无色身，为无色。无色界众生虽无色身，但仍有心识。

⑤若有想、若无想、若非有想非无想：想，五蕴之想蕴，《俱舍论》说：

"想,谓于境取差别相。"《成唯识论》说:"想,谓于境取像为性,施设种种名言为业,谓要安立境分齐相,方能随起种种名言。"这是以"想"为标准区分三界一切有情。有想即除"无想天"及"非有想非无想天"外的一切有情,"无想"即指"无想天"有情,"非有想非无想"即指"非想非非想天"有情。"非想非非想天"也就是将"想"断除,进而连"非想"也断除的三界最高的一层天。

⑥无余涅槃:涅槃,指融入法性本体,不生不灭的状态。无余涅槃,也叫无余依涅槃,是相对有余涅槃而言。

(1) 小乘佛教认为,虽断除一切生死原因之烦恼而证得涅槃,然因前世惑业所造成之果报身尚存,亦即生死之因已断,尚有生死之果待尽者,称为有余涅槃。反之,已断尽生死之因,又无生死之果,而达究竟涅槃之境界者,称为无余涅槃。

(2) 大乘佛教认为,菩萨在断除分断生死而未断除变易生死之前,为有余涅槃,完全断除变易生死,为无余涅槃。(据三论宗吉藏大师所说,变易生死与分段生死的区别在于:分段生死的身体具有色形区别与寿期长短的定限;而变易生死则由心识的念念相续而前变后易,其身形与寿期皆无定限。)

(3) 若从果位上看,小乘阿罗汉虽断人我执,尚有微细法我执未断,为有余涅槃,佛则完全断除人我、法我二执,为无余涅槃,此为最究竟的解脱。

⑦灭度:谓入涅槃,灭障度苦,进入常、乐、我、净的不生不灭境界。

⑧我相、人相、众生相、寿者相:即常说的四相。

(1) 我相:即有情心中认为实有的"我"之相。此又可分为"人我相"及"法我相"。"人我相"即认为有实有的自我,"法我相"即认为有实有的万法,万法即指万事万物。

(2) 人相:即指有情心中与"我相"相对的一切。同样人相也分为与"人我"相对的其他有情,以及与"法我"相对的其他事物。

(3) 众生相:即指有情心中"我相"、"人相"以外难以计数、难以察觉的妄想分别。

(4) 寿者相:即有情心中对寿命的妄执。有情的寿命即自出生到死亡之间的存在,一切事物的寿命即自生成到坏灭之间的存在。

[解说]

对于须菩提尊者的问题，佛是如何回答的呢？佛说："诸菩萨摩诃萨，应如是降伏其心。"不但初发心的菩萨，就是修行有成的大菩萨，也应该像这样降伏其心。怎么样呢？佛说了两点：第一是要有无尽最上广大利生的发心，第二是要有不颠倒的智慧。

如何是无尽最上广大利生之心呢？广大是包含尽虚空、遍法界一切众生，也即是经说"所有一切众生之类，若卵生、若胎生、若湿生、若化生，若有色、若无色，若有想、若无想、若非有想非无想"，无一众生不包在内，所以广大。

最上是指给予所有众生最上第一利益，此即经中所说："我皆令入无余涅槃而灭度之"，令众生入无余涅槃，永离诸苦，此为最上利益。又无尽者，即经中所说："如是灭度无量无数无边众生。"若有一众生未得度者，菩萨誓不成佛，此真是无尽大悲宏愿。

如何是不颠倒智慧？即经中所说"实无众生得灭度者"，度众生而不取众生相，若有众生相，即是颠倒，无众生相，即是般若。因为第一义谛中，实无众生可度。度众生的悲心和无我的智慧，对菩萨而言，就好比人的两条腿，缺一不可。如果没有悲心，就会落于二乘，不能成佛；如果没有智慧，就同凡夫，也不能成佛。只有悲智双运，才能最终成佛。

前面我们说过，菩提心是成佛的基础，而大悲心又是菩提心的基础。因为如果对众生没有慈悲心，就不可能有度生的愿望，也就不能生起菩提心。所以，大悲心是成佛的基础，也是贯穿菩萨整个修行过程中最基本的修持。

菩萨的大悲，不同于一般人的凡情。一般人仅仅对少数的人才能生起悲愍心，而对大部分人则会无动于衷，甚至对有些人还抱有怨恨之心。与此相反，菩萨的大悲对一切众生都是平等的，没有远近亲疏之分。

为什么菩萨能做到这样？就是因为菩萨无我相、无人相、无众生相、无寿者相。如经中所说："何以故？须菩提，若菩萨有我相、人相、众生相、寿者相，即非菩萨。"要知道这四相，根本都是由"我相"而起，若悟无我，则无四相。

什么是我相？众生认为有一个真实存在的"我"，这个"我"在受苦、在享乐、在吃饭、在睡觉，等等；这个众生认为实存的"我"的概念，就是"我相"。与"我相"相对，便有了"人相"，有了"人相"便有了"众生相"。有我有人有众生，便有寿命，从而有了"寿者相"。这四种相的根源实为"我相"。

自从有了"我"，便有了轮回。《华严经》中说："世间受生，皆由著我，若离此著，则无生处。"因为有我则有生，有生便有苦，无我则无生，无生则无苦。

对于由我生苦这个过程的详细说明，《华严经》中又说道："凡夫无智，执著于我，常求有无，不正思惟，起于妄行，行于邪道。罪行、福行、不动行，积集增长。于诸行中，植心种子，有漏有取，复起后有，生及老死。所谓业为田，识为种，无明暗覆，爱水为润，我慢溉灌，见网增长，生名色芽。名色增长生五根，诸根相对生触，触对生受，受后希求生爱，爱增长生取，取增长生有，有生已，于诸趣中生起五蕴身名生。生已衰变为老，终殁为死。于老死时，生诸热恼。因热恼故，忧愁悲叹，众苦皆集。"这是众生流转的十二缘起，即：无明缘行，行缘识，识缘名色，名色缘六入，六入缘触，触缘受，受缘爱，爱缘取，取缘有，有缘生，生缘老死。

有"我"即有无明，无"我"则离无明，如果无明灭则行灭，行灭则识灭，识灭则名色灭，名色灭则六入灭，六入灭则触灭，触灭则受灭，受灭则爱灭，爱灭则取灭，取灭则有灭，有灭则生灭，生灭则老死灭。所以如果没有了"我"，则无生灭，即会解脱生死轮回，证涅槃之果。

为什么我们执以为实的我相，在佛的眼中，却是无我呢？须知，佛是已得到大解脱者，在佛亲证的实相当中，确实没有一个众生认为的"我"存在。那众生认为的"我"是如何产生的呢？这只是由无明而产生的幻相而已。因为有无明，众生便执著五蕴而产生了"我"的假相，五蕴即色（身体）、受（感受）、想（思想）、行（迁变）、识（了别），实际上"我"并不真实存在。

佛证得宇宙本来的实相，在实相中，佛发现并没有众生认为的"我"。众生认为的"我"仅仅是一个假相，所以佛教导众生"无我"，令众生从无明的幻相中解脱。如同"我相"是一个幻相，"人相、众生相、寿者相"同样只是一个幻相，它们伴随着"我相"而产生。

菩萨明白这一切都是幻相后，发现众生却被这些幻相所欺骗，枉受各种虚幻的痛苦，因此菩萨会生起大悲心，誓愿救度一切众生。虽然救度一切众生，菩萨自己却无我、人、众生之相。这就是经中所说："实无众生得灭度者，何以故？……若菩萨有我相、人相、众生相、寿者相，即非菩萨。"

"复次，须菩提，菩萨于法①，应无所住②行于布施③，所谓不住色布施，不住声、香、味、触、法④布施。须菩提，菩萨应如是布施，不住于相⑤。何以故？若菩萨不住相布施，其福德不可思量。须菩提，于意云何，东方虚空⑥可思量不？"

"不也，世尊！"

"须菩提，南西北方、四维⑦上下虚空，可思量不？"

"不也，世尊！"

"须菩提，菩萨无住相布施，福德亦复如是不可思量。须菩提，菩萨但应如所教住。

[译文]

"再者，须菩提，菩萨在行布施时，应该不住于任何法，也就是应不住于色布施，不住于声、香、味、触、法布施。须菩提，菩萨应该这样布施，不住于任何相。为什么呢？因为如果菩萨不住于相布施，布施的福德不可思量。须菩提，在你看来，东方的虚空可以思量吗？"

"不可以，世尊！"

"须菩提，南、西、北方向，东南等四维方向和上下方向的虚空,可以思量吗?"

"不可以,世尊!"

"须菩提,如果菩萨不住相布施,布施的福德也会像十方虚空一样不可思量。须菩提,菩萨应该一心按照佛的教导去做啊。

[注释]

①法:广义的法,是轨持义。指宇宙中的一切万事万物,作为一种轨范、规则,可以对万事万物进行认知,使事物不失其表征自己和区别其他的特征。狭义的法,指第六意识所缘的境界。在佛教中某些特定的场合,专指佛所讲的教法或修行方法。

②应无所住:即不住于任何法。因为一切"法"的本质都是空性,因缘会聚时存在,因缘不具时则又归于散灭。

③布施:菩萨六度之一,即将己之所有,施予他人。布施依所施物的不同,又可分为财施、法施及无畏施。财施是以财物施予他人;法施是以正法施予他人;无畏施是令他人脱离困苦危难等可畏之事。

④色、声、香、味、触、法:佛法对宇宙中一切事物的认识,有不同的分类方法,如五蕴、十二处、十八界等,其中"十八界"的划分很是细致。十八界又分为六境、六根和六识。六境,即色、声、香、味、触、法;六根,即眼根、耳根、鼻根、舌根、身根、意根;六识,即眼识、耳识、鼻识、舌识、身识、意识。六识分别通过六根,缘取和认识所对的六种境。色、声、香、味、触、法分别是眼、耳、鼻、舌、身、意的所对之境。

⑤相:即事物的相状或特征。不仅仅是眼所见到的才是"相",耳所听到、鼻所嗅到、舌所尝到、身所触到、意所认识到的,都是"相"。如现代人说电磁波,虽然不能真实见到,但人心中却有电磁波的概念、特征等影像,这些都属于佛法所说"相"的范畴。

⑥虚空:(1)空大、空界的别称。指一切色法存在的场所、空间。(2)指虚空无为。虚空无为为六无为法之一。此处为前义。

⑦四维:指东南、西南、西北、东北四个方向。

[解说]

上一段主要讲人我空。证人我空,可得二乘涅槃,虽然能脱离轮回,但未得佛无上正觉。菩萨发心为成佛道，当然不以二乘果位为满足。二乘果位并非究竟，仅是佛权巧方便的教法。佛引导众生的终极目的，是令一切众生同证佛道，正如《法华经》中所说："诸佛世尊，欲令众生开佛知见使得清净故出现于世，欲示众生佛之知见故出现于世，欲令众生悟佛知见故出现于世，欲令众生入佛知见故出现于世。"接下来，佛为大乘菩萨们讲述了法我空的修行之道。

佛接着告诉须菩提尊者："菩萨于法，应无所住行于布施。"菩萨的修行方法，摄于四摄六度之中。四摄为布施、爱语、利行、同事，这是菩萨摄受众生的四种方法。六度为布施、持戒、安忍（忍辱）、精进、禅定、般若，这是菩萨度化众生的六种法门。佛在这里以布施为代表，实际上通指四摄六度。菩萨应该如何修习布施呢？应该在布施的时候，于一切法都无所住。再具体说，即是经中所说"所谓不住色布施，不住声、香、味、触、法布施。"

佛法对整个世界的认识，有五蕴、十二处、十八界等不同的分法。这些仅仅是划分的粗细不同，其中十八界的分法最为详细。在十八界的划分中，能了别事物的为六识，即眼识、耳识、鼻识、舌识、身识、意识；所了别的对象称为六境，即色、声、香、味、触、法（也叫六尘）；中间的媒介为六根，即眼根、耳根、鼻根、舌根、身根、意识根，六识通过六根来认识六境。十八界概括了宇宙中的一切事物。

佛法中对一切事物的认识，从没有脱离认识的主体，即你所见到的色境，是由你的眼识通过你的眼根所认识的，同样对于声、香、味、触、法也是一样，所有这些认识都离不开根和识。认识的主体（心识）不同，或者六根有病，那么了见到的这个世界可能会完全不一样。举例来说，一个患有眼病的人，可能会看到空中有毛发等相，实际上空中并无毛发；一个色盲的人，可能分不出红色和绿色，那么他所见的红花绿叶和正常人所见的一定不同；又如患黄疸病的人见海螺是黄色的，而海螺实际上是白色的。

如此等等，由于六根的问题，人们所见的世界并不相同。对于不同六道的众生，由于心识的不同，所见的世界差异就更大，佛教中一个著名的例子就是六道众生对于"水"的认识。

在佛的经典里有这样的记载：印度恒河边上有无数的饿鬼，累年累月受饥渴之苦，连水都喝不上一口。为什么就在恒河边的饿鬼居然看不到恒河的水呢？其实并不是他们见不到恒河水，而是他们见到的恒河水竟然变成了不能饮用的脓血。

我们人类所见到的水，在饿鬼众生看来并不是水，而是脓血。其他道的众生看水时，是不是也会看到不同的东西呢？答案是肯定的。水在鱼类的眼中是它们的宫殿，在天人的眼中则是美妙的甘露。六道众生对"水"的认识并不相同。这说明能认识的主体不同，被认识的同一客体也会变得不同。

现代物理学中的"测不准原理"，也说明了主体对客体的影响作用。所有这些现象，都说明了被认识的客体，并不具有一定不变的实质，这就是一切现象空性的原理。实际上我们并没有任何理由以自己的认识，去否定别人的认识。你所见的世界，仅属于你；人类所认识的世界，仅属于人类；鬼和天人都不会见到人类所见到的世界。

那为什么不同的众生会对同一现象会有不同的认知呢？这就是业力的作用。由于众生各自所造业的不同，从而使众生具有各不相同的六识和六根，在通过他们认知外界事物时，就产生了完全不同的结果。

众生由于无明的影响，不明白外界的六尘是虚幻不实的假相，反而对于色、声、香、味、触、法等六尘执著不舍，就像有眼病的人看到空中并不存在的毛发，而执为实有一样。

同样的道理，已经断除了无明的诸佛，了知众生执著的一切都是假相，于是以大悲心，教化众生远离这一切的妄想和执著。这也就是佛在经中告诉菩萨应该"不住一切法布施"的原因。因为一切的"法相"仅仅是幻相，其中既没有"我"为布施的人，也没有"他"为受施的人，更没有什么东西可以布施，这才是真正的不住相布施。

菩萨通过这种不住于一切法、一切相的布施，便可以逐渐清除执著一切都是实有的习气，从而使自心越来越清净，最终证入空性而解脱。如果是住相的布施，那么布施所获得的仅仅是世间的福报，福报享尽，仍不免痛苦。所以菩萨不为自己的福报布施，而是为成熟众生、解脱自心束缚布施。

那是不是菩萨不求布施的福报就没有福报呢？恰恰相反，经中说道："若菩萨不住相布施，其福德不可思量。"菩萨不住相布施的福德就如同十方虚空一样不可思量。为什么呢？因为不住相布施，其福德与空性相应，空性如虚空一样不能思量其边际，那么不住相布施的福德也就不可思量其边际。所以如果想获得成佛所需的无边功德，必须在布施时无我相、无人相、无众生相、无寿者相。

菩萨布施时应不住相布施，同样修行持戒、忍辱、精进、禅定、般若度时，也应该不住于任何相。不住相是因为一切法本来就无相。如《华严经》中说："法性本寂无诸相，犹如虚空不分别，超诸取著绝言道，真实平等常清净。若能通达诸法性，于有于无心不动，为欲救世勤修行，此佛口生真佛子。不取众相而行施，本绝诸恶坚持戒，解法无害常堪忍，知法性离具精进。已尽烦恼入诸禅，善达性空分别法，具足智力能博济，灭除众恶称大士。"所以了知一切法本来寂静，无有诸相，平等清净，唯以大悲不舍众生，才是真正的佛子。如此修持六度，才是究竟的六度，才是真正的般若。

以上说明了人、我、众生以及六尘等现象均空而不实，所以应不住于相修行。对此佛又说道："菩萨但应如所教住。"是教导菩萨一定要如佛所教导的去做，住无所住，以无住为住处。这在《文殊师利所说摩诃般若波罗蜜经》中也有同样的说法："佛告文殊师利：'如是修般若波罗蜜时，当云何住般若波罗蜜？'文殊师利言：'以不住法为住般若波罗蜜。'佛复问文殊师利：'云何不住法名住般若波罗蜜？'文殊师利言：'以无住相，即住般若波罗蜜。'"

"须菩提，于意云何，可以身相①见②如来不？"

"不也，世尊！不可以身相得见如来。何以故？如来所说身相,即非身相。"

佛告须菩提:"凡所有相,皆是虚妄③。若见诸相非相④,则见如来。"

[译文]

"须菩提,在你看来,见到佛身体的形相是不是就见到如来了呢?"

"不是的,世尊!不能以身体的形相见到真实的如来。为什么呢?因为如来所说的身相,并不是身相。"

佛告诉须菩提:"凡是有相的一切,都是虚妄不实的。如果见到一切相非相,就真正见到了如来。"

[注释]

①身相:身体之相。此指佛的庄严相好之形相。

②见:指见到、了知事物的本来体相。

③虚妄:不实为虚,不真为妄。因一切万有之相,都因凡夫颠倒分别之心而有,并无真实自性,故为虚妄假相。

④见诸相非相:意指真实见到一切相的本质,所见不再是虚妄的假相,则自然显现出实相。见实相即见如来,因为如来是以实相为体。

[解说]

既然一切外境都是虚幻不实的,那我们所见到的佛身也是虚幻的吗?为了说明这个问题,佛问须菩提尊者道:"可以身相见如来不?"意思是说真正的如来是不是就是指这个身体呢?

解空第一的须菩提尊者答道:"不可以身相得见如来。"为什么呢?因为"如来所说身相,即非身相"。佛为度众生而现的这个身相,只是佛的无量百千万亿化身中的一个,为了教化众生,这个身体会和普通人的身体一样,经历童年、中年、老年等过程,不同的是佛最终入于涅槃,而众生则再次轮回。

佛示现的这个色身,有生有灭,而如来法身,无生无灭,远离一切变化,所以佛所示现的色身,并非即是如来真身(法身)。我们可以用"千江有水千江月"这个比喻来说明这个道理。如果将空中的月亮比作佛的真身(法身),那么水中的月亮就好比是佛的化身,凡有水的地方,都可以在水中见到月影,这就比喻凡是有缘的众生,都有佛的化身在进行教化。六道之中,佛的化身无数,应现何身教化众生,佛即会随缘显现相应的身相,可能是出家人,也可能是在家人,可能是国王,也可能是乞丐。

如同水中的月亮并非天空真实的月亮一般,这无量的化身,也并非就是如来的真身(法身)。所以我们所见到的佛的身相,也如同水中之月,是幻非实。因此须菩提尊者才说"如来所说身相,即非身相"。

到此佛作了一个总结,就是"凡所有相,皆是虚妄。若见诸相非相,则见如来"。我们所见的一切相,不论是我相、人相、众生相、寿者相、色相、声相、香相、味相、触相、法相等,都是虚幻不实之相。

又如同我们在梦中所见的一切,在梦中虽然感觉十分真实,但醒来却一无所有一样。无明使我们做了一场大梦,看似真实的这一切,实际上都如同梦一样虚幻不真。如果我们真正见到了所有这一切相都是虚妄之相,我们就可以见到真正的法身如来。

须菩提白佛言:"世尊!颇有众生,得闻如是言说章句①,生实信②不?"

佛告须菩提:"莫作是说。如来灭③后,后五百岁④,有持戒修福⑤者,于此章句,能生信心,以此为实,当知是人,不于一佛二佛三四五佛而种善根⑥,已于无量千万佛所种诸善根。闻是章句,乃至一念⑦生净信⑧者,须菩提,如来悉知悉见。是诸众生,得如是无量福德。

[译文]

须菩提对佛说:"世尊啊!是否会有一些众生,听到这样的经文,能够生起真实的信心呢?"

佛告诉须菩提说:"不要这样说。在我灭度以后,再过五百年,会有持戒修福的人,对我所说的这些经文,生起信心,并以此为实。你应当知道,这个人不只是在一佛二佛三佛四佛五佛前种下了善根,而是已经在无量千万佛前种下了各种善根。听到这些经文,哪怕是在一念之间,能生起清净信心的人,须菩提,如来都会知道,都会见到。这些众生,都会得到如前所说无量无边的福德。

[注释]

①言说章句:指佛说的这部《金刚经》。

②实信:真实的信心。

③灭:灭度,涅槃。

④后五百岁:根据佛的授记,佛法住世分为正法、像法和末法三个时代。其中正法时代五百年,此时有教说,有修行,证果者多;像法时代一千年(有说五百年),此时有教说,有修行,但证果者少;末法时代一万年,此时说教者多,修行者少,证果者更少。再以后佛法消亡,直到弥勒菩萨成佛,才再次将佛法传到人间。此处"后五百岁"泛指佛法正法时代已结束的像法和末法时代。

⑤持戒修福:持戒,守持佛制定的戒律。修福,修习善行积累福德。持戒可以防止错误的行为,在不同的修行阶段,戒的内容也不一样,但目的都是止恶防非,令身心清净。修福可以累积自己的福德,福德是修行能够进步的动力。二者在修行的道路上是不可缺少的两个方面。

⑥善根:生起善法的根本,将善以树根为喻,故名善根。《入阿毗达磨论》卷上云:"能为根,生余善法,故名善根。"同书又举出善根的种类有三种:无贪,无嗔,无痴,称为"三善根"。

⑦一念:短瞬的一个念头。

⑧净信:清净之信,丝毫不夹杂任何怀疑的信。

[解说]

一切相非相,这和我们的习惯认识差得太远了,难怪须菩提尊者担心后世的众生不会相信。虽然佛说的般若是真理,但是要能真正相信却也需要条件的。这个条件是什么?就是广大的福慧资粮,即如经中所说的"已于无量千万佛所种诸善根"。

什么叫种诸善根?略说就是"诸恶莫作,众善奉行"。诸恶莫作即是持戒，众善奉行即是修福，也即是经中所说："有持戒修福者，于此章句，能生信心，以此为实。"如果不是这样，对经中所说不是诽谤，就是错解，不能正确理解般若的道理。

不过也不用担心自己的功德不够，佛已授记说末世众生中有能信受者。如果自己能信受，说明自己也是已种下了无量善根的人，只要再接再厉，也会得到无上菩提之果。如果我们还不能理解，也不用担心，从现在开始持戒修福，终有一天也会明白般若的真义。

这里实际上佛告诉了众生一个因果的道理。依佛法说，世间的规律，莫不出"因果"二字。种瓜得瓜，种豆得豆，为善得乐果，作恶得苦果。十善生天，五戒得人，贪心堕饿鬼，嗔心堕地狱，愚痴变畜生。虽然经中说"一切有相，皆是虚妄"，但是一天不解脱，虽然虚妄也要受果报。就如在梦中，梦境虽然是虚妄的，但在梦中的苦乐感受却是一点也不假的。除非你醒了，否则梦中的苦乐还是要自己去承受。

同样，在没有解脱之前，轮回的痛苦就会一直存在，如手被割了，就会感到痛，这是实实在在的事。这种痛不会因为你知道痛是假的它就不痛了，要想真的割了手也不觉得痛，要真正证到空性才行，仅仅是知道空性是没有用的。

要解脱，就必须证空性。要证空性，首先要正确认识空性，这也就是佛在般若经典中所讲的道理。般若是六度中的第六度，前五度是它的基础。没有前面的五度，不可能有真正的第六度。所以不能因为般若才是究竟便忽视布施、持戒等行为。举例来说，如果不持戒，连人身都不能保住，堕入三恶道之中，恒时受苦，不要说修习般若，就连听见"般若"二字的机会恐怕也没有了。

真正要修学佛法，就必须扎扎实实地从断恶修善开始。有了这些基础，才能真正信受和理解空性，然后才能实证空性获得解脱。这也是佛在经中说末世众生如果能对《金刚经》生起信心，以此为实，一定是"已于无量千万佛所种诸善根"的道理。

知其果便能明其因，观其因也必能知其果，所以佛接着说："闻是章句,乃至一念生净信者,须菩提,如来悉知悉见。是诸众生,得如是无量福德。"听闻《金刚经》哪怕是在一念之中生起信心,也会得到无量无边的福德,这就是观因知果。当然佛是以他遍知一切的智慧观照而知,我们则可以通过因果规律推知。

"何以故?是诸众生,无复我相、人相、众生相、寿者相,无法相①亦无非法相②。何以故?是诸众生,若心取相,则为著我、人、众生、寿者;若取法相,即著我、人、众生、寿者。何以故?若取非法相,即著我、人、众生、寿者。是故不应取法,不应取非法。以是③义故,如来常说:汝等比丘,知我说法,如筏喻④者,法尚应舍,何况非法。

[译文]

"这是什么原因呢?因为这些众生,再也没有我相、人相、众生相和寿者相,没有法相,也没有非法相。为什么这么说呢?因为这些众生如果心取任何相,即是执著我、人、众生、寿者;如果心取法相,也是执著我、人、众生、寿者;如果心取非法之相,仍然是执著我、人、众生、寿者。所以不应该取法相,也不应该取非法相。正因为如此,所以如来才常说:'你们这些比丘们,应该知道我所说的法,就像用来渡河的船筏一样,渡过河后就应该弃筏登岸。连我所讲的法最终都应舍弃,更何况是非法呢?'

[注释]

①法相:法为轨持义,某法区别于其他法的特征,即为该法的法相。

②非法相:"非法"之相,可以理解为对"一切法均非实有"的执著。执著一切法实有固然错误,但执著一切法都非实有,仍是执著,也应该舍弃。

③是:古汉语中的代词,相当于"此、这",此处指前面所说"不应取法,不应取非法"。

④筏喻:将佛所说的法比作渡河用的船筏的比喻。众生在轮回中,喻为在河的此岸;获得解脱,喻为到河的彼岸。能够令众生从此岸到彼岸,从而获

得解脱的法，喻为"筏"。"筏"是用来渡河的，渡过河后，便不应再贪恋"筏"，而应该弃筏上岸。佛说的一切法，都是为了对治众生的烦恼习气，从究竟意义上说，都是方便教化与引导，所以都是"筏"，如果不懂得这个道理，死死抓住法不放，便不能从法中解脱，不能获得真正的自在。

[解说]

既然一念净信就有这么大的功德，那什么是净信呢？净信就是不含一点怀疑的相信，没有丝毫杂念的相信。六祖慧能曾说："信心者，信般若波罗蜜，能除一切烦恼。信般若波罗蜜，能成就一切出世功德。信般若波罗蜜，能出生一切诸佛。信自身中佛性，本来清净，无有染污，与诸佛佛性，平等无二。信六道众生，本来无相。信一切众生尽能成佛，是名净信心也。"（《金刚经口诀》）

仅仅是一念之间的这种净信，也是成佛之因，与智慧相应，功德不可测量。为什么呢？因为在这种净信的当下，就会如经中所说"是诸众生，无复我相、人相、众生相、寿者相，无法相亦无非法相"。这时就会远离一切法、非法之相，其心清净，此清净之因当来定获解脱之果。

傅大士（即傅翕，梁朝人，曾为梁武帝讲《金刚经》，相传为弥勒菩萨化身）对此有颂道："信根生一念，诸佛尽能知。修因于此日，证果未来时。"

《法华经》中也曾说道："若有众生类，值诸过去佛，若闻法布施，或持戒忍辱，精进禅智等，种种修福慧，如是诸人等，皆已成佛道。诸佛灭度已，若人善软心，如是诸众生，皆已成佛道。……汝等既已知，诸佛世之师，随宜方便事，无复诸疑惑，心生大欢喜，自知当作佛。"所以应知佛法的种种方便，均是成佛之因。有因必有果，今有此净信般若之因，于未来定当成熟为佛的智慧之果。

如果心中尚有任何执著，如取著色声香味触法，即不离妄念。有妄念即有我、人、众生、寿者。无论心取何种法相，即便是佛所讲的四谛、十二因缘，认为这些法实有自性，也会被这些法相所缚，仍然不离我、人、众生、寿者。如果心取非法相，认取一切法都不存在，空是实有的，这仍然未离我、人、众生、寿者。取"有"取"空"，都是法执。有执即有我，有我便不能解脱。

佛在这里说法是递进关系:"若心取相",不对;"若取法相",不对;"若取非法相",也不对。那应该如何做呢?佛接着说道:"不应取法,不应取非法。"法和非法都不能取,也就是要离一切相,断一切执。

在《胜天王般若波罗蜜经》中佛也曾说道:"大王,菩萨摩诃萨行般若波罗蜜,如实力空、无畏空、不共法空、戒聚空、定聚、慧聚、解脱聚、解脱知见聚空、空空、第一义空,而空相不可得。不取空相,不起空见,不执空相,不依止空,如是不取著故于空不堕。"

《大乘理趣六波罗蜜多经》中也说道:"若有修空者,顺空而取空,观空与色殊,不名真观者。观色即是空,色空不可得,此即胜义空,是真解脱者。"佛说空见,是为了对治众生执著一切都是实有的习气,如果再执著空,空也就变成了有,则为诸佛所不能化。

在《大宝积经》中佛曾对迦叶说:"宁起我见积若须弥,非以空见起增上慢。所以者何?一切诸见,以空得脱,若起空见,则不可除。"此处所说增上慢,是指对于教理或修行境地尚未有所得、有所证,却起高傲自大之心,认为自己已得已证,也就是我们常说的未得谓得,未证谓证。众生一切的执著,以空见即能对治,但是如果以增上慢心而起空见,认为空是实有,并且自以为已经大彻大悟,那就再也没有对治的办法了。所以佛对迦叶说宁有我见比须弥山还要大,也不能在空见上起增上慢。

佛说的一切法,都是为了对治众生的各种执著,这就好比是船,过河时当然需要船,没有船就无法过河。可是过了河以后,便不能再抱着船不放,否则永远也不会上到对岸。在心中有执著妄想时,就应以佛说的各种法来对治,心中的执著清净了,也就不需要再执著所使用的法,这时要明白一切法都是空的。法是空的,非法当然也是空的,因为有法才有非法,如果连法也没有,又哪里来的非法呢?所以法与非法,此时都应舍弃,住于空性,正如佛在经中所说:"法尚应舍,何况非法?"

"须菩提,于意云何?如来得①阿耨多罗三藐三菩提耶?如来有所说法耶?"

须菩提言:"如我解佛所说义②,无有定法③名阿耨多罗三藐三菩提,亦无有定法如来可说。何以故?如来所说法,皆不可取,不可说,④非法,非非法。⑤所以者何?一切贤圣⑥皆以无为法⑦而有差别⑧。"

[译文]

"须菩提,在你看来,如来是否已得到了阿耨多罗三藐三菩提法?如来是否说过什么法呢?"

须菩提答道:"依照我对佛讲的这些法的理解:没有一个确定的法叫做阿耨多罗三藐三菩提,也没有一个一成不变的法是如来所说。为什么呢?因为如来说的一切法,都是不可取不可说的,不是法,也不是非法。为何这样说呢?因为一切贤圣都是因为无为法而有所差别的。"

[注释]

①得:获得、成就。"得"在五位百法中为二十四种心不相应行法之一。

②义:义理,语言文字所描述的道理,它不是文字本身,但又不离于文字。

③定法:固定不变的法。此句指佛所证无上正等正觉也同样没有自性可得。

④不可取,不可说:因为诸法没有实体可得,所以不可取;一切言说仅为方便引导,诸法实相,离于语言文字,所以不可说。

⑤非法,非非法:即如前文所说,执取"法"和执取"非法",均为错谬。

⑥贤圣:贤者与圣者。贤,指修习善法,但在见道位之前的人;圣,指见道位以后的人。见道位在二乘为预流以上、在大乘为初地以上。

⑦无为法:指超越因果,无聚散、无生灭、无行为、无动作之法。

⑧差别:(1)未证究竟位的人,因为对"无为法"证入的程度不同,而有贤、圣之差别。(2)已证究竟"无为法"的诸佛,因众生的机缘不同,而

示现不同教化，对众生而言有差别，对诸佛而言无差别。

[解说]

《金刚经》讲到这里，已经由人空讲到了法空。经中下文要破除的是众生心中更具体、更细微的各种法执。

众生心中的执著既多又细，粗重的执著我们容易发现，比如对金钱、美色的执著，但细微的执著就不容易被发现了，比如对法的执著。佛在初期教化众生，不说一切法空，因为众生心中粗重的执著要靠法来对治，如果一开始便说一切法空，大部分的众生可能都无法接受。再者说，解脱轮回证阿罗汉果，只要证人我空便可，不需要证一切法空。

二乘教法是佛的方便教法，毕竟众生的根基各不相同，有人喜爱大乘法，有人喜爱小乘法，所以佛便针对不同的众生，讲说不同的法，这前后并无矛盾。

我们都知道，佛六年修道，于菩提树下，证得无上正等正觉而成佛，然后说法四十九年，最后于娑罗双树间入于涅槃。在经中佛却问须菩提尊者："如来得阿耨多罗三藐三菩提耶？如来有所说法耶？"这是什么意思？

佛在前面已说不应取任何相，这当然也包括了不应取阿耨多罗三藐三菩提之相，取任何相都是著我、人、众生、寿者。因此须菩提尊者回答佛说："无有定法名阿耨多罗三藐三菩提，亦无有定法如来可说。"也就是说佛所得的无上正等正觉，并不是一个实实在在不空的东西。

彻底清净了无明，就叫无上正等正觉，这无上正等正觉本身，也是性空离相的。

同样，"阿耨多罗三藐三菩提"并不是有一个实实在在的东西，它只是对没有无明的状态的一种称呼而已。因为众生有无明，所以佛说"阿耨多罗三藐三菩提"来引导众生认识自己的无明、认识无明消失后的状态为解脱，这样就为具有无明的众生设立一个目标，等真的达到这个目标时，你会发现无上正等正觉也仅仅是个概念，并不是一个实在的东西等着你去得到。

佛所说的法，也是一样，并不是一成不变的。他可能对某些众生说"这个世界很苦，你要离开苦海"，而对另外的众生却说"这个世界本来清净,要认识你本来清净的心"。这是因为众生的心是不同的,所以佛所说的法也不相同。

佛不会对一切的众生都说同一种法,就如同好的医生不会给所有的病人都开同一种药一样。因为一切法都无实质,所以佛对甲说"世界是苦"和对乙说"世界清净"都是正确的。甲通过修"世界是苦"能得到解脱,乙通过修"世界清净"同样也能得到解脱。法和法之间并没有矛盾,本来就是圆融的。所以对于"世界"而言,"苦"也不是本质,"清净"也不是本质,"世界"的本质是离于言说的空性,这些都仅仅是方便的引导。所以经中说道:"如来所说法,皆不可取,不可说,非法,非非法。"

明白了这个道理,修一切法都能够解脱,不明白这个道理,修一切法都是缠缚。傅大士对此有偈云:"菩提离言说,从来无得人。须依一空理,当证法王身。有心俱是妄,无执乃名真。若悟非非法,逍遥出六尘。"

那诸佛所证的是什么?诸佛所证是无为法。因为是无为,所以无一切相,无一切言说,非有,亦非空,离言绝思,寂静无为。

二乘圣者及菩萨,只是证得无为法的一部分,而佛则是彻证无为法(即佛法身)。因此经中说道:"一切圣贤,皆以无为法而有差别。"正因为诸佛圣贤等所证是无为法,所以才能应众生的根基,现不同的形象,说不同的法,用种种的方便进行引导。他们或现神通,或不现神通,或现国王,或现乞丐,或现罗汉,或现辟支佛,或现成佛,等等。只有无为法才能如此,如果是有为法,就不会有这么多的方便。

从本体上说,一切圣贤因为所证无为法的深度和广度不同而有差别;从度化众生的功用上说,因众生的根基不同,他们的示现也有差别。这是对"一切圣贤皆以无为法而有差别"不同角度的理解。

"须菩提,于意云何?若人满三千大千世界[①]七宝[②],以用布施,是人所得福德宁为多不?"

须菩提言:"甚多!世尊!何以故?是福德即非福德性[③],是故如来说福德多。"

"若复有人,于此经中,受持④乃至四句偈⑤等,为他人说,其福胜彼。何以故?须菩提,一切诸佛及诸佛阿耨多罗三藐三菩提法,皆从此经出⑥。须菩提,所谓佛法⑦者,即非佛法。

[译文]

"须菩提,在你看来,如果有人用充满三千大千世界那么多的七种珍宝,拿来布施,这个人得到的福德是不是很多呢?"

须菩提回答道:"非常多!世尊!为什么呢?因为这些福德并没有真实的福德自性,所以如来才说福德很多。"

"如果另外有人,在这部经中,信受奉持哪怕只是其中的四句偈语,为其他人讲说,他所得的福德胜过用三千大千世界七宝布施的福德。为什么呢?须菩提,因为一切佛陀和佛陀所证阿耨多罗三藐三菩提法,都是从这部经中出生的。须菩提,所谓的佛法,即非佛法。

[注释]

①三千大千世界:佛法中对世界的看法,是以须弥山为中心,周围环绕有四大洲(即东胜身洲、南赡部洲、西牛货洲、北俱卢洲,我们所居为南赡部洲)及九山八海,称为一"小世界"。它从色界初禅天至大地底下的风轮,中间包括日、月、须弥山、四大洲、四天王天、三十三天、夜摩天、兜率天、乐变化天、他化自在天、梵世天等。

一千个这样的"小世界",为一个"小千世界"。一千个"小千世界"为一个"中千世界"。一千个"中千世界",为一个"大千世界"。一个大千世界因为由小、中、大三种千世界所集成,故称为"三千大千世界"。

②七宝:七种珍宝,对此诸经说法不一,依《大智度论》,七宝即:(1)金。(2)银。(3)琉璃,又作毗琉璃、吠琉璃等。(4)颇梨,又作颇胝迦,意译作水精(晶)。(5)车渠,又作砗磲。(6)赤珠,又称赤真珠。(7)玛瑙,深绿色之玉,异于后世所称之玛瑙。

③福德性:此处指有某个东西,其本性为"福德"。"非福德性"即指并没有一个实实在在的东西,具有"福德"这样的本性,也即是说福德无性。

④受持：信受并行持。

⑤四句偈：偈，又作伽陀、偈陀。意译为偈颂、颂。它与诗形式相似，是以一句五言或七言等表现的韵文。四句偈，指由四句所成的偈颂。佛经中很多四句偈往往能涵盖佛法的要义，所以经中说，以四句偈教人，或持受某四句偈，会有很大的功德。

⑥从此经出：是指由此经所讲述的义理而得成就。

⑦佛法：狭义地讲，特指佛所讲的教法。广义地讲，宇宙中的万事万物，皆不出佛之法身，均为佛法。

[解说]

明白《金刚经》所说的这些道理有什么用处呢？如经中所说，一切诸佛都是因为此经而成佛，因此经而证阿耨多罗三藐三菩提。即使是仅仅受持读诵《金刚经》中的一个四句偈语，所获得的福德也比用堆满三千大千世界的七种珍宝布施所获得的福德还要多。

用三千大千世界的七宝布施，当然会获得很大的福报，但如果不明白无相布施，获得的福德再多，也只是世间的福报，可以生人生天，享受富贵，但是要想永脱轮回，获得无漏的妙乐，却是根本不可能的。犹如射向空中的箭，力量再大最终也会落到地上，有漏的福报再多也有用尽的一天，到头仍不免因现世或往世所造的恶业而堕入恶道。所以不应一味追求这种世间的福报，而忽视自己智慧的增长。

再说用珍宝布施的福德虽多，也要看和谁比较，要和受持《金刚经》的福德比，三千大千世界七宝布施的功德就会如灯光同太阳光相比一样，黯然失色，所以多和少也不是定数。因此须菩提尊者在经中对佛说："是福德即非福德性，是故如来说福德多。"

禅宗六祖慧能曾说："三千大千世界七宝，持用布施，得福虽多，于性上一无利益。依摩诃般若波罗蜜多修行，令自性不堕诸有，是名福德性。心有能所，即非福德性。能所心灭，是名福德性。心依佛教，行同佛行，是名福德性，不依佛教，不能履行佛法，即非福德性。"（《金刚经口诀》）所以佛说布施福德多，也是依世间人的习惯而说，非是依真实而说。若依真实而说，福德亦无性，无多少可得。

若能真正明白《金刚经》中的道理，即便是一四句偈，刹那所得福德，便能超过三千大千世界七宝布施之福。因为受持《金刚经》为因，所得之果即是证空性而成佛，万德具备，富超恒沙，远非三千大千世界七宝可比。

成佛要靠佛法，如果佛不出世宣讲佛法，那么众生就会永远处于黑暗的轮回之中不能解脱。佛法就是修行的道路，其中般若法门更是成佛必不可少的方法。对于刚开始修学佛法之人，不能一下子空掉所有的法，因为这样很容易走入歧途，认为既然一切皆空，那么行善作恶都是一样，所以不畏因果，胡作非为，不但不能解脱，反而会因此堕入恶趣。

佛从最初讲四谛，到现在讲般若，是到了更上一层的时候了，所以佛告诉须菩提尊者："所谓佛法者，即非佛法。"这是在破除我们对"佛法"的执著。

我们在前文已经说过，佛所说的一切法，都是在对治众生的不同毛病，并非实有一个不变的东西叫"佛法"。上文既然佛已说"如来所说法，皆不可取，不可说，非法，非非法"，那么当然"佛法"也是如此不可取，不可说，非法，非非法了。

前面是总破一切法，这里是别破"佛法"，是防止人们将上面所说的这些"佛法"执为实有，程度上更加深入一层。

"须菩提，于意云何？须陀洹[①]能作是念：我得须陀洹果[②]不？"

须菩提言："不也，世尊！何以故？须陀洹名为入流，而无所入，不入色声香味触法，是名须陀洹。"

"须菩提，于意云何？斯陀含[③]能作是念：我得斯陀含果不？"

须菩提言："不也，世尊！何以故？斯陀含名一往来，而实无往来，是名斯陀含。"

"须菩提，于意云何？阿那含能作是念：我得阿那含[④]

果不?"

须菩提言:"不也,世尊!何以故?阿那含名为不来,而实无不来,是故名阿那含。"

"须菩提,于意云何?阿罗汉⑤能作是念:我得阿罗汉道⑥不?"

须菩提言:"不也,世尊!何以故?实无有法名阿罗汉。世尊,若阿罗汉作是念:我得阿罗汉道,即为著我、人、众生、寿者。世尊,佛说我得无诤三昧⑦,人中最为第一,是第一离欲⑧阿罗汉。我不作是念:我是离欲阿罗汉。世尊,我若作是念:我得阿罗汉道,世尊则不说须菩提是乐阿兰那⑨行者。以须菩提实无所行,而名须菩提是乐阿兰那行。"

[译文]

"须菩提,在你看来,须陀洹能够有这样的念头,'我已得到了须陀洹果'吗?"

须菩提答道:"不可以!世尊!为什么呢?须陀洹虽然叫做入流,而实际上并无所入之处。因为他再也不入于色、声、香、味、触、法六尘之流,所以叫做须陀洹。"

"须菩提,在你看来,斯陀含能够有这样的念头,'我已得到了斯陀含果'吗?"

须菩提答道:"不可以!世尊!为什么呢?斯陀含虽然叫做一往来,而实际上并无往来可得,只是叫做斯陀含而已。"

"须菩提,在你看来,阿那含能够有这样的念头,'我已得到了阿那含果'吗?"

须菩提答道:"不可以!世尊!为什么呢,阿那含虽然叫做不来,而实际没有不来可得,只是叫做阿那含而已。"

"须菩提,在你看来,阿罗汉能够有这样的念头,'我已得到了阿罗汉道'吗?"

须菩提答道:"不可以!世尊!为什么呢?因为并没有一个实在的法叫阿罗汉。世尊!如果阿罗汉有这样的念头,'我已得到了阿罗汉道',就是执著我、人、众生、寿者。世尊!您说我得了无诤三昧,众人之中最为第一,是第一离欲的阿罗汉。可是我没有这样的念头:'我是离欲的阿罗汉。'世尊!如果我有这样的念头,'我得了阿罗汉道',世尊就不会说须菩提是一个乐阿兰那行的人。因为须菩提其实并无任何所行,所以佛才说须菩提乐阿兰那行。"

[注释]

①须陀洹:梵语音译,为声闻乘四果中最初之圣果,又称初果,即断尽"见惑"的圣者所得的果位。旧译作入流、至流、逆流,新译作预流。入流,意思是指初入圣者之流;逆流,是指已断三界之见惑,能违逆生死之流;预流,意思是指初证圣果,预入圣道之法流。

见惑,又名见烦恼、见障或见一处住地,为见道时所断的烦恼。见惑有十种,即身见、边执见、邪见、见取见、戒禁取见、贪、嗔、痴、慢、疑。其中前五见是见之性,称五利使;后五见非见之性,称五钝使。

须陀洹又分因果二位:(1)自入"见道"初心至第十五心之间,为趣向须陀洹果之因位,称须陀洹向。(2)"见道"之终,即第十六心之位,对于须陀洹向位则称为须陀洹果,为声闻乘四位中的正果初位。

②果:音译颇罗。原指草木之果实,进而指由"因"所生出之结果。一切有为法,前后相续,相对于前因,后生之法,称为果。因、果都属于有为法的范畴,无为法不在因果之中。

③斯陀含:梵文音译,意译作一来、一往来,系声闻乘四果中第二果。斯陀含也分因果二位:(1)须陀洹果之圣者进而更断除欲界一品至五品修惑,称为斯陀含向,或一来果向。(2)若更断除欲界第六品之修惑,此时尚须由天上至人间一度受生,方可般涅槃,至此以后,不再受生,称为斯陀含果,或一来果。

修惑,修道所断惑的略称,又作思惑,指在修道时所断的贪等迷事之烦恼。据《俱舍论》卷二十五,贪、嗔、慢及无明等四烦恼对色、声、香、味、触等境,生起染着、憎背、高举及不了之行相转,称为修惑。修惑遍起于三界九地，每地又各细分为上上、上中、上下、中上、中中、中下、下上、下中、下下九品，二果斯陀含、三果阿那含、四果阿罗汉次第断除，总共有八十一种，称为八十一品修惑。修道时所灭的根本烦恼有十种，即在欲界有贪、嗔、痴、慢四种；在色、无色界无嗔，各有贪、痴、慢三种。

④阿那含：梵语音译，意译为不还、不来、不来相，是声闻乘四果的第三果，是断尽欲界九品修惑，不再返还欲界的圣者之名。据《大乘义章》卷十一："阿那含者，此名不还，小乘法中更不还来欲界受身，名阿那含。"因为此圣者全断欲界润生之惑，所以再不来欲界。又欲界九品修惑全断之位，称为阿那含果。相对地，断其中七品或八品之位，称为阿那含向。

⑤阿罗汉：梵语音译，意译为应、应供、应真、杀贼、不生、无生、无学、真人，为声闻四果之第四果，指断尽三界见、思之惑，证得尽智，因而堪受世间供养的圣者。此果位通大、小二乘，然而一般专指小乘佛教中所得之最高果位。广义的则泛指大、小乘佛教中的最高果位。

阿罗汉也可分为两种，即：(1) 阿罗汉向，指尚在修行阶段，而趋向于阿罗汉果的圣者。(2) 阿罗汉果，指断尽一切烦恼，得尽智而应受世间供养的圣者。证得此果位者，四智圆融无碍，无法可学，故又称无学、无学果、无学位。

阿罗汉有三义：(1) 杀贼。贼，指见、思二惑。阿罗汉能断除三界见、思之惑，故称杀贼。(2) 不生。即无生，阿罗汉证入涅槃，不再受生于三界中，故称不生。(3) 应供。阿罗汉得漏尽，断除一切烦恼，应受人天供养，故称应供。

⑥阿罗汉道：即阿罗汉在果位境界的泛称。"道"既含有"果"意，又较"果"宽泛。严格地说，"果"是有为法，由"因"而生，无为法超越因果，因阿罗汉所证虽不是佛的究竟无为，但亦证少分，故以"道"称之。

道，音译为末伽。指到目的地的通路，或指走行之道。据《俱舍论》卷二十五：道即通往涅槃（菩提）之路，为求涅槃果之所依。所以道为趣向果位之路，是获得果位的修行方法。例如《大智度论》卷八十四谓，有人天、声闻、缘觉、菩萨等四种道，人、天以十善、布施为道，而求世间福乐；二乘以三十七道品为道，而求涅槃；菩萨以三十七道品、六波罗蜜为道，而求佛果。

道，既可指所行之路（因），也可指所成之果。如常说的人道、天道等，即是三界众生因业受报之果；阿罗汉道、佛道等，则是圣人所证之果。

⑦无诤三昧：住于空理而与他无诤之三昧。在佛弟子中，须菩提尊者最通解空理，故在佛弟子中所得无诤三昧，最为第一。

三昧，指禅定境界，是修行者将心定于一处而不散乱的状态。又音译为三摩地、三摩提、三摩帝，意译为定、等持、正受、调直定、正心行处、息虑凝心等。

三昧即心定于一处，故称定；远离昏沉、掉举而保持平等之心，故称等持；正受所观之法，故称正受；调整散乱的心使正直，故称调直定；调正心的行动，使合于法，故称正心行处；息止缘虑，凝结心念，故称息虑凝心。

⑧欲：希求、欲望。

⑨阿兰那：梵语音译，又称阿兰若，译为山林、荒野，指适合于出家人修行与居住的僻静场所。又译为远离处、寂静处、最闲处、无诤处，即距离聚落一俱卢舍而适于修行之空闲处。引申可指身心寂止清净。

[解说]

接下来佛说声闻的四种果位。前面已经说过，"一切贤圣，皆以无为法而有差别"，既是无为法，就不可取不可说，那佛为什么常印证弟子说"某某已得阿罗汉"呢？佛确实经常印证弟子说某某已得阿罗汉，可是佛却未让弟子执著阿罗汉。下面的经文回答了这个问题。

佛先是问须菩提尊者，证得四种果位的人，能够有这样的想法：我已得到某种果位了吗？须菩提尊者都答道：不能有这样的想法。为什么不能这样想呢？因为本来就没有一个"我"，既然无"我"，那谁证果呢？又一切法不可得，又有何法名为"果"呢？如果认为自己有所得，就不离"我、人、众生、寿者"四相，有此四相与凡夫没有差别，又怎么能称得上圣人呢？

那么如何认识四种果位？四种果位是依据"所断"而说，不是依据"所得"而说。这里所说的"所断"，也不是有一个实在的东西被断除，而是指无明妄见被清净的程度。

一果罗汉，名为须陀洹，汉语译为"入流"，入圣者之流的意思。经中说："而无所入，不入色、声、香、味、触、法，是名须陀洹。"其实须陀洹并无所入，只是不像凡夫，被色、声、香、味、触、法所染，不能自拔。他们能够远离六尘迷乱，心渐清净，将入圣者之位，所以说为入流。

这些人如果此时命终，会在七次生于人间、七次生于天上之后，证得阿罗汉果。凡夫不知六尘为幻境，不知我为假相，心逐六尘境界，不能解脱，所以才是凡夫。离开了凡夫的知见，即名为圣人。傅大士曾有颂云："舍凡初入圣，烦恼渐轻微。断除人我执，创始证无为。缘尘及身见，今者乃知非。七返人天后，趣寂不知归。"

二果罗汉，名为斯陀含，汉语译为"一往来"，即一生天上，一来人中，便得阿罗汉果。三果罗汉，名阿那含，汉语译为"不来"，即此生终了，再不会来人间受生，所以叫做"不来"。其实不论"一来"也好，"不来"也好，对于本人来说，均不见有"一来"或"不来"之相。来不来人间，几次来人间，是因为心中还有惑染的多少。

二果和三果之人较一果更为清净，惑染更少，所以来人间的次数便随之而少，甚至不来人间即可解脱。又来不来人间，是依凡夫色身而说的，然而色身并非真性，真性不生不灭，无来无去，所言来去等，均是对凡夫说，于圣人实无来去之相。

四果名阿罗汉，有多种意思，较常说的有三种：一为杀贼，二为不生，三为应供。杀贼，是杀烦恼贼。烦恼扰乱我们的身心，所以比喻为贼。阿罗汉证人无我，断烦恼障，所以叫"杀贼"；又阿罗汉证涅槃，再不会来三界中受生，所以称为"不生"；又阿罗汉为一切人天所应供养的圣人，为世间的福田，所以又称为"应供"。

须菩提尊者是已得阿罗汉果位的人，对此他有发言权，他对佛说："实无有法名阿罗汉。世尊，若阿罗汉作是念：我得阿罗汉道，即为著我、人、众生、寿者。"如果须菩提尊者对佛的境界是以道理而推知的话，对阿罗汉的境界却是自身亲自证知的，就像吃了苹果的人一定知道苹果的味道一样，须菩提尊者以自身为证，说明了阿罗汉无得的境界。这个被佛称为"第一离欲阿罗汉"的须菩提尊者,心中没有自己已得阿罗汉道的念头,正因为尊者心中没有我、人、众生之相,也没有法相,所以佛才称须菩提尊者是乐阿兰那行者。

我们自己做不到的事情,不一定别人也做不到。人们看这一切好像是实在的,是因为存在无始以来的无明习气,就如同眼睛有病的人,会看到各种各样的幻相一样。这些幻相其实并不存在,只是因为这个人眼睛有病才对他而言幻相是存在的,对于眼睛正常的人,根本就没有这些幻相。同样,"我、人、众生、寿者、法、非法、轮回、涅槃"等相,也只对具有无明的众生才是存在的,而对于已离无明的智者是不存在的。

阿罗汉和诸佛菩萨能证入涅槃境界者,亲身实证并无所得,只是为了引导众生,才说有涅槃。虽然证涅槃的人见涅槃无所得,但这不同于凡夫的无所得。因为凡夫未离无明,对凡夫而言的无所得,仍然是妄心的计度,仍是轮回。圣者所证的涅槃,虽无所得,但也不在轮回之中,因为对他们已经没有了轮回的妄相。这就是人们常说的"如人饮水,冷暖自知"的道理。

《金刚经》是站在佛的果位上看待一切,所以一切都无所得,但如果站在众生因位上看,轮回和涅槃却有着天壤之别。所以只有正确理解佛法,正确理解空性,才能对自己真正有益。

佛告须菩提:"于意云何?如来昔在然灯佛①所,于法有所得不?"

"不也,世尊!如来在然灯佛所,于法实无所得。"

"须菩提:于意云何?菩萨庄严佛土②不?"

"不也,世尊!何以故?庄严佛土者,即非庄严,是名庄严。"

"是故须菩提,诸菩萨摩诃萨,应如是生清净心③,不应住色生心,不应住声香味触法生心,应无所住而生其心。须菩提,譬如有人,身如须弥山王④。于意云何?是身为大不?"

须菩提言:"甚大,世尊!何以故?佛说非身,是名大身。"

[译文]

佛对须菩提说道:"在你看来怎么样?如来以前在然灯佛那里,得到了什么法吗?"

"世尊!如来在然灯佛那里,并没有得到什么法。"

"须菩提,那你认为怎么样?菩萨庄严佛土吗?"

"菩萨不庄严佛土,世尊!为什么呢?因为所谓的庄严佛土,并非有庄严之相,只是叫做庄严而已。"

"所以,须菩提,一切菩萨包括大菩萨们,都应当像这样生起清净之心。此心不应住在色上,也不应住在声、香、味、触、法上,应该没有任何住处而生起清净心。须菩提,譬如有人的身体如须弥山王一样,在你看来,这样的身体是不是很大呢?"

须菩提答道:"很大,世尊!(但此身再大也不可得)为什么呢?因为佛说无相之身,才是大身。"

[注释]

①然灯佛:又作燃灯佛、普光佛、锭光佛,是在过去世为释迦菩萨授记之佛。

据《修行本起经》,释迦牟尼佛当时为一梵志儒童,名为无垢光。当时国王迎请锭光佛供养,儒童菩萨也想供养,但是当时所有的花、香等一切物品,都已被国王禁止买卖,原因是国王想在这七日内独自供养锭光佛。就在这时,来了一个王家女,用瓶子装着七枝青莲花。于是菩萨用五百钱向王家女买了五朵,再加上王家女托菩萨供佛的两枝,共有七枝青莲花供养锭光佛。

当时在场的国王臣民、长者居士等有千万人之多,他们都散各种名花供养佛,但这些花都落在了地上。菩萨想上前散花,可人多又不得通过。佛知道了菩萨的诚意,于是将大地化成了泥水,因此众人才分开,菩萨得以上前散花供养。

菩萨供养的七枝花中,五朵止在了空中,并变成了花盖,另外两朵则像生了根似的落在了佛的肩上。菩萨见此很是欢喜,又见地很泥泞,于是便将自己的头发铺在地上，让佛踩着过去。于是然灯佛为儒童菩萨授记说：你在一百劫后，当得作佛，名释迦文，劫名波陀（汉译为贤），世界名沙桫（即娑婆），父名白净，母名摩耶，妻名裘夷，子名罗云，侍者名阿难，右面弟子，名舍利弗，左边弟子，名摩诃目犍连，教化五浊世人，度脱十方。

②庄严佛土：诸佛所居的刹土，如东方的琉璃世界，西方的极乐世界等，都非常殊妙庄严。这庄严的佛土，都是诸佛在修菩萨行时，以大愿力和无量的功德所修成。所以庄严佛土可理解为菩萨为了将来成佛时，使刹土美妙庄严而修的一切功德之行。释迦牟尼佛所教化的娑婆世界，也一样殊妙庄严，只是凡夫不见。在很多经中，都记载有佛现神通而令在会的大众见到娑婆世界无比妙好之事。

③清净心：清为不浊，净为不染。心地纯清不染，不为色、声、香、味、触、法六尘所污，名清净心。

④须弥山王：须弥为梵语，汉语译为妙高、妙光。须弥山入于水下八万由旬，出于水上高八万由旬，纵广各八万由旬，为世界的中心，有七山七海围绕在其四周。须弥山周围三十二万由旬，由四宝所成，北面为黄金、东面为白银、南面为琉璃、西面为颇梨。在七金山与须弥山间的七海（即内海）之中，充满着八功德水，七金山外隔着咸海（外海）有铁围山，在咸海中有东胜身洲、南赡部洲、西牛贷洲、北俱卢洲四大洲，即所谓的"须弥四洲"。日、月在须弥山的半山腰处。

由于须弥山非常高广，又是世界的中心，所以称为"须弥山王"。

[解说]

上面讲二乘，下面说菩萨。

释迦牟尼佛遥远劫前为菩萨时，遇到然灯佛，然灯佛为他授记将来成佛，号释迦牟尼等。是不是然灯佛告诉了菩萨一个什么样的秘密口诀，然后菩萨才成佛的呢？也就是说，菩萨当时是不是得了个什么法呢？为了消除众生心中的疑问，于是佛问须菩提道："如来昔在然灯佛所，于法有所得不？"

须菩提尊者回答："如来于然灯佛所，于法实无所得。"也就是说释迦佛为菩萨时，虽然得到然灯佛授记，但没有在然灯佛那里得到什么法。

我们说佛证无上正等正觉，不见一法为实有，又怎么会有什么实法教菩萨呢？菩萨深入般若，当然明白一切法无得的道理，即便从佛闻法也不会起实执之心，因此无论于佛于菩萨，均不见法为实有，所以须菩提尊者才回答说佛在然灯佛那里，并没有得到什么法。前文中说过，佛证的是无为法，无为法无所得，所以不能以有所得之心去求证无为法。

另外佛不见有佛土可庄严，菩萨也不见有佛土可庄严，因此庄严佛土，是对还没有悟的人而说的。什么是菩萨庄严佛土？可以说菩萨布施、持戒、忍辱、禅定等六度万行，所作的一切善法，都是庄严。佛土不可取，如果有人取佛国土形相，则佛国土便成了有为法。而有为法最终会坏灭，如果佛国土也会坏灭，那成佛也就成了有为法了。然而并非如此。

又庄严有两种，一是以形相庄严，二是以第一义相庄严。形相庄严是顺世间而说的，真实义中无有形相可得，所以说"庄严佛土者，即非庄严，是名庄严"。不见庄严之相的庄严才是第一庄严，是以一切功德成就庄严，而无庄严之心。如果菩萨住于色境等而生起能庄严佛土之心，这是染污，不是庄严。所以佛接着告诉须菩提尊者："诸菩萨摩诃萨应如是生清净心，不应住色生心，不应住声香味触法生心，应无所住而生其心。"住于六尘之心，便不是清净心，不住一切法之心，才是清净心。若心清净，就可以见到庄严的佛土。

《维摩经》云："欲得净土，但净其心，随其心净，即佛土净。"《华严经》云："譬如种子别，生果各殊异，业力差别故，众生刹不同。譬如心王宝，随心见众色，众生心净故，得见清净刹。"又说："世界法如是，种种见不同，而实无有生，亦复无坏灭。"

众生所见世界各不相同，是由于众生的业力各不相同，就如同害了不同眼病的人，见到的幻相不同一般。所以虽然世界在真实中并无生起和坏灭，但由于众生业力，还是见到了不同的秽土和净土等差别。如果心清净，则所见为净土；心不清净，所见即为秽土。所以说菩萨庄严佛土，其本质是以清净功德，庄严自心，并非心外实有净土能够庄严。

佛土如此，那么居于佛土相好庄严的报身佛，是不是实有身相可得呢？

为了破除众生对相好佛身的执著，接下来佛以须弥山王为喻，问须菩提尊者："譬如有人身如须弥山王，于意云何，是身为大不？"

依世间人的观点，身如须弥山王的确是很大了，但是依真实义而说，身相再大，也不可得，只是叫做大身罢了。故而须菩提尊者答道："甚大，世尊！何以故？佛说非身是名大身。"只有无相的法身，才能称为"大"，因为只有法身才能遍一切处，含一切法。

为什么说须弥山是比喻佛的报身呢？因为二者有很多相似之处：须弥山为众山之王，报身佛相好端严，是一切身相中王；须弥山以七宝为饰，报身佛以无量相好为饰；须弥山虽为众山之王，而自己却不分别自己为王，报身佛虽具众多妙色，也不分别我有此身；须弥山由众生共业而起，虽无分别而能成其高广之体，报身佛也是如此，由无量劫修诸福行，虽无分别，而能生高大妙色之身。所以说此处以须弥山王，来比喻佛的报身。

佛虽有三身，但自己却离此身彼身的分别，即身而为非身，只是为教化众生，才现种种的身相。《华严经》云："非身而说身，非起而现起，无身亦无见，是佛无上身。"

"须菩提，如恒河①中所有沙数，如是沙等恒河，于意云何？是诸恒河沙②，宁为多不？"

须菩提言："甚多，世尊！但诸恒河，尚多无数，何况其沙。"

"须菩提，我今实言告汝，若有善男子、善女人，以七宝满尔所恒河沙数三千大千世界，以用布施，得福多不？"

须菩提言："甚多，世尊！"

佛告须菩提："若善男子、善女人，于此经中，乃至受持四句偈等，为他人说，而此福德胜前福德。

[译文]

"须菩提，就如恒河中所有沙子那样多的数目的恒河，在你看来，所有这些恒河中的沙子，是不是很多呢？"

须菩提答道:"非常多,世尊!仅仅是这些恒河,已经多得没有数目了,更何况这么多恒河中的沙子呢。"

"须菩提,我今天实话告诉你,如果有善男子、善女人,用七宝充满如前说的恒河沙数的三千大千世界,用来布施,所得的福德多不多呢?"

"非常多,世尊!"

佛告诉须菩提:"如果有善男子、善女人,在这部经中,哪怕是信受奉持其中的四句偈语,并为其他人讲说,这样的福德胜过前面布施的福德。

[注释]

①恒河:印度北部大河,全长2 506千米,有两条主要源流:其中较长的阿勒格嫩达河发源于喜马拉雅山楠达德维山以北约48千米处;另一主源帕吉勒提河发源于喜马拉雅山麓的根戈德里冰穴。两河汇合后称恒河,在赫尔德瓦尔进入平原,注入孟加拉湾(印度洋)。此河俗称福水或福德吉河,一般认为以河水沐身,可除罪垢,至今印度仍有争相投水洗身的风俗。

②恒河沙:据《玄应音义》卷二十四中所说:"恒河之河沙至细,同水而流,以手掬水,沙满手中,若急把沙,还随水出。"所以屡见诸经中以恒河沙为喻,表喻难以计算之数。

[解说]

接下来为了使众生产生信心,佛再次更加详细地宣说这部经的功德。这些经文比较容易理解。前文中佛说《金刚经》的功德时,是说用三千大千世界的七宝布施,不如受持《金刚经》中一四句偈、为人演说的功德多。现在佛用更多数量的布施来和受持《金刚经》的功德作比较,前面说一个三千大千世界,这里说无量无边的三千大千世界,是逐渐引导众生,使他们对般若生起真实的信心。

"复次,须菩提,随说是经乃至四句偈等,当知此处,一切世间①天②、人、阿修罗③,皆应供养④,如佛塔庙⑤。何况有人,尽能受持读诵。须菩提，当知是人成就最上第一希有之法。若是经典所在之处，即为有佛，若尊重弟子⑥。"

[译文]

"再者，须菩提，凡是讲说这部经典，哪怕只是其中四句偈的地方，你应当知道，一切世间的天人、人和阿修罗，都应当像供养佛的塔庙一样，供养这个地方。更何况，有的人完全能够受持读诵本经。须菩提，你应当知道这个人成就了最上、最第一、最希有的法。凡是本经典所在的地方，就有佛在，有可受尊重的佛弟子在。"

[注释]

①世间：(1) 略称世，指被烦恼缠缚的三界及有为有漏诸法的一切现象。(2) "世"为时间，"间"为空间，世间与世界等同。

一般将世间分为二类，即：(1) 有情世间，又作众生世间、有情界，指一切有情众生。(2) 器世间，又作物器世间、器世界、器界、器，指有情居住的山河大地、国土等。此外尚有其他分法，在此不一一列举。

②天：指天人，六道中的天道众生。

③阿修罗：梵语音译，意译为非天、不端等，略称修罗。为六道之一，是有天福而无天德、嗔怒好斗的一道众生。

④供养："供"有供给、恭敬之义；"养"为奉养、资养之义。供养即以饮食、衣服、卧具等供给佛、法、僧三宝以及父母、师长等。供养又可分为财供养、法供养等。

⑤塔庙：原指为安置佛陀舍利等物，而以砖等构造而成的建筑物。然而到了后世，泛指在佛陀出生处、成道处、转法轮处、般若涅槃处、过去佛之经行处、有关佛陀本生之圣地、辟支佛窟，乃至安置诸佛菩萨像、佛陀足迹、祖师高僧遗骨等，而以堆土、石、砖、木等筑成，作为供养礼拜的建筑物。

⑥尊重弟子：可受尊重的弟子，如佛的十大弟子等。

[解说]

又凡是说《金刚经》哪怕只是其中四句偈的地方，一切天人、人、阿修罗都应该像对佛的塔庙一样的供养，更不用说能够对整部《金刚经》受持读诵了。

能够受持《金刚经》的人，即是已经成就了第一希有之法。《金刚经》所在的地方，也就如同有佛在，如同有可受尊重的佛的弟子（如文殊、普贤等上首大乘弟子或舍利佛、目犍连等上首声闻弟子）在，应该对此处生起恭敬之心。因为敬法就是敬佛，敬佛必须敬法，敬法也必须恭敬住持佛法的人，因为如果没有他们，众生无从听闻佛法，也就不可能获得解脱。

尔时须菩提白佛言："世尊！当何名此经？我等云何奉持①？"

佛告须菩提："是经名为《金刚般若波罗蜜》。以是名字，汝当奉持。所以者何？须菩提，佛说般若波罗蜜，即非般若波罗蜜。须菩提，于意云何？如来有所说法不？"

须菩提白佛言："世尊！如来无所说。"

"须菩提，于意云何？三千大千世界所有微尘②，是为多不？"

须菩提言："甚多，世尊！"

"须菩提，诸微尘如来说非微尘，是名微尘。如来说世界③非世界，是名世界。须菩提，于意云何？可以三十二相④见如来不？"

"不也，世尊！不可以三十二相得见如来。何以故？如来说三十二相，即是非相，是名三十二相。"

"须菩提，若有善男子、善女人，以恒河沙等身命布施⑤，若复有人于此经中，乃至受持四句偈等，为他人说，其福甚多⑥。"

[译文]

这时须菩提对佛说："世尊！应该如何命名这部经呢？我们大家应该如何奉持这部经呢？"

佛告诉须菩提说："这部经名为《金刚般若波罗蜜》，正如这部经的名字所表示的道理一样，你们应当像这样的奉持这部经。为什么呢？须菩提，佛所说的般若波罗蜜，并非是有相的般若波罗蜜。须菩提，在你看来，如来有所讲经说法吗？"

须菩提对佛说："世尊，如来没有讲经说法。"

"须菩提，在你看来，组成三千大千世界的所有微尘，是不是很多呢？"

"非常多，世尊！"

"须菩提，这些微尘，如来说并非是微尘，只是叫做微尘而已。如来说的世界，也并非是世界，只是叫做世界。须菩提，在你看来，能够用三十二种相好得见真实的如来吗？"

"不可以，世尊！不能用三十二种相好得见真实的如来。为什么呢？因为如来说的三十二相，并非就是三十二相，只不过是叫做三十二相而已。"

"须菩提，如果有善男子、善女人，用恒河沙一样多的身体性命布施，而另外有人在这部经中，哪怕是信受奉持其中的四句偈等，为他人讲说，他所得到的福德要比前面用恒河沙数身体性命布施的福德还要多。"

[注释]

①奉持：奉表恭敬；持为忆持。尊重法而不忘失，依法而行，即为奉持。

②微尘：色聚（物质）中最小的微粒，是生起眼识的极限，但也不是肉眼所能见，只有天眼、转轮王眼和住后有菩萨眼三种眼才能见到。微尘再分可得"极微"，"极微"是圣者觉慧所行境界，唯有慧眼、法眼、佛眼才能得见。

③世界："世"意为迁流、变化。"界"指方位。"世界"即是在时间上有过去、现在、未来三世之迁流，空间上有东南西北、上下十方等定位之处。亦即是指众生居住之所依处，如山川、国土等。

④三十二相：系转轮圣王及佛之应化身所具有的三十二种殊胜容貌与微妙形相。

⑤身命布施：用身体和性命布施。如释迦佛前身舍身喂虎、割肉饲鹰、

捐身作桥等。

⑥其福甚多：指受持读诵《金刚经》的功德要比前面以恒河沙一样多的身体性命布施的功德大得多。

[解说]

既然本经有这么大的功德，所以应该让后世人代代流传下去，也就必须给本经安立一个名字，虽然这个名字相也是假立的。于是须菩提尊者便问佛道："当何名此经？我等云何奉持？"佛告诉须菩提，这部经的名字叫《金刚般若波罗蜜》，你们应该依照这个名字所指示的真实意义去受持、去修行。

前文已经说过，一切诸佛都是因为此经而成正觉，也就是说一切诸佛，都是以般若之力，了知了世出世法的真实本性，断除了一切邪说异见，以智慧到达涅槃的彼岸。此经利如金刚，无坚不摧，所以叫做《金刚般若波罗蜜经》。又此般若波罗蜜，也只是随着众生的习惯而安立的名相，般若波罗蜜也无真实体性可得，所以在佛安立了般若之名后，为令众生不生执著，随即而破道："佛说般若波罗蜜，即非般若波罗蜜。"

真正的般若，远离语言文字，超诸戏论，难说难示。然而如果佛不用语言来说，众生就永远也不会知道般若道理，就会永远处于无明轮回之中，所以佛以大悲心，以自己无比的智慧，设立了种种方便，用众生能够接受的方式为众生宣讲了大量的法。

佛讲法的方式，不出二谛，即胜义谛与世俗谛。胜义谛又称第一义谛、真谛等，世俗谛又称名言谛、世谛、俗谛等。佛在《父子合集经》中曾说道："所谓世俗及胜义，离此更无第三法。"《中论》中也说道："诸佛依二谛，为众生说法。一以世俗谛，二第一义谛。"

佛所说的一切法，都可摄于二谛之中，所以如果不能正确理解二谛，便不能正确理解佛法。《大智度论》中说道："佛法中有二谛，一者世谛，二者第一义谛。为世谛故说有众生，为第一义谛故说众生无所有。"由此可知，应该正确地区分二谛，不能听佛说有众生，就执著众生实有，听佛说无众生，就认为众生断无，这样永远也不能理解佛的本意。

什么是胜义谛呢？即是诸佛彻底清净无明之后所证得的真实空性，或者说是一切法的本来面目，或者说是实相等。

什么是世俗谛呢？即是仍有无明的众生之所见，不能彻见一切法的真正面目。

经中所说的无我、人、众生、寿者，不住相布施，一切法无相，一切法不可说不可取等，都是依胜义谛而说诸法实性。说众生、世界、功德等，是依世俗谛随顺引导众生。

一切法在胜义中不有，在世俗中不无，证胜义获无碍解脱，未证胜义因果不爽。所以在未成佛之前，菩萨不废修行，但不执著修行之相。虽修而知一切法无实，不著一切法，这才是以般若波罗蜜。

胜义谛和世俗谛二者，缺一不可。《中论》云："若不依俗谛，不得第一义，不得第一义，则不得涅槃。"第一义谛都是因言说而表达的，语言本身便是世俗，所以如果不依世俗谛，第一义谛就不能了知，若连第一义谛都不知道，当然更不能证得了。所以并不能说胜义谛比世俗谛更重要，二者是相辅相承的关系。

我们虽然这样说二谛，仍是依世俗而说的，因为真正的胜义谛是离言境界，只能亲身去体证，也就是指佛的境界。这里说胜义谛，也只是真正胜义谛的一个模型，或如同指向月亮的手指，通过它了解到真正的胜义才是最重要的。

胜义谛中无一法可得，既然法都不可得，当然佛也不能用文字来说法，因此佛问须菩提尊者："如来有所说法不？"尊者答道："如来无所说。"这是佛在告诉众生般若无得、不可言说的道理。佛所说的法，就如空中鸟飞过的痕迹一样，不可说有无。

这里有一则公案，在佛临入涅槃时，文殊菩萨请佛再转法轮，被世尊呵止道："我住世四十九年，未曾说一字。你请我再转法轮，是我曾转法轮耶？"于是佛说偈道："始从成道后，终至跋提河，于是二中间，未尝说一字。"当然这是智慧第一的文殊菩萨请佛再转法轮，佛才如此回答，也许换成其他弟子，佛说不定会开示些其他的法。这就是佛，能知道众生的根机，随众生能理解的程度而说法。但无论左说右说，第一义中，佛实无法可说，也未曾说过一法。

前面佛多次用大千世界为喻来说明受持《金刚经》的功德,然而如何认识大千世界呢?

在佛教看来,再大的世界,也是由小的微粒组合而成的。它们中最极微细的称为极微,七个极微(以一个为中心,前后左右上下共七个)聚集为一个微尘,七个微尘聚集为一金尘(因能透过金的间隙而得名),七个金尘聚集为一水尘(能透过水的间隙),然后逐渐增大最终形成大千世界。

其中极微唯有慧眼、法眼、佛眼才能见到,微尘也只有天眼、转轮王眼和住后有菩萨眼才能见到,我们一般人的肉眼是看不到微尘的。这三千大千世界,就是由无数的微尘所组成。

证得空性的佛陀,并不见微尘和世界是真实的微尘和世界,佛可以令无量无边的大千世界入一微尘,而世界不变小,微尘不变大;也可以让一微尘入无量世界。所以微尘非小,世界非大。

为什么佛能够这样?因为佛现证一切法空,远离二元对立,没有大小的分别,所以可以如此。而凡夫有分别执著,大是大,小是小,如水火不相容,所以做不到这样。因此经中说:"诸微尘如来说非微尘,是名微尘,如来说世界非世界,是名世界。"

(也有解释说此处佛是以微尘之数虽无量无边,但比起受持《金刚经》所获福德,仍是为少,此处仍是在说明《金刚经》的功德。)

诸佛法身,无相为体。般若波罗蜜,即是获得法身之因。上面说世界非真为外,此处说三十二相非真为内。故佛接着问须菩提尊者:"可以三十二相见如来不?"

如来法身,非色相可见。佛的三十二相,不是指法身相,而是指色身相。色身不真,涅槃即灭,所以经说:"三十二相即是非相。"佛之色身,只是应众生的机缘而有显现,佛有三十二相和八十种好,只是在世俗谛上对众生的说法,所以经中称:"是名三十二相。"

如来破除人们对佛相好的执著,是为了令众生深入般若无相之理。《华严经》中说:"如来非以相为体,但是无相寂灭法,身相威仪悉具足,世间随乐皆得见。"这正是对这段经文很好的说明。

然后，佛再次赞叹《金刚经》的功德，但这次不再是以珍宝布施，而是用身命布施来作比。

据《大智度论》，以财宝布施为下布施，以身命布施为中布施，于种种布施中，心无所著为上布施。身命布施又可细分为身施和命施，如佛前生中割肉饲鹰是以身体布施，名为身施；佛当初以身饲虎，布施全身以至命尽，名为命施，二者合称身命施。

以身命布施的功德，远大于以财宝布施的功德，因为和财宝比较起来，众生更爱自己的身命。越是自己喜爱的东西，能布施出去功德就越大。

但即便是用恒河沙一样多的身命布施，所获的福德也不如受持《金刚经》中的一四句偈，并为他人讲说所获的福德多，足以知受持《金刚经》的功德之大。

为什么这样说呢？因为布施时若有身相，即是著我相，不能见空性，纵施身命如恒河沙，也只是人天的福业，不如受持经中的四句偈，自己深入般若，并对人以法布施，这样可获得契证法身的功德，法身无边，当然此功德为大。

尔时，须菩提闻说是经，深解义趣①，涕泪悲泣而白佛言："希有世尊！佛说如是甚深经典，我从昔来所得慧眼②，未曾得闻如是之经。世尊，若复有人得闻是经，信心清净，则生实相③。当知是人成就第一希有功德④。世尊，是实相者则是非相，是故如来说名实相。世尊，我今得闻如是经典，信解受持，不足为难。若当来世，后五百岁，其有众生，得闻是经，信解受持，是人则为第一希有。何以故？此人无我相、人相、众生相、寿者相。所以者何？我相即是非相，人相、众生相、寿者相即是非相。何以故？离一切诸相，则名诸佛。"

[译文]

这时，须菩提听到佛说的这部经，深刻地理解了经的义理和宗旨，悲泣流泪地对佛说："希有难遇的世尊啊！您讲了这么深刻的经典，以我从往至今所证得的慧眼，也从未听闻过这样的经典。世尊，如果再有人听到这部经，信心清净，便会生出实相。应当知道这个人，成就了第一希有的功德。世尊，这种实相，即是无相，只不过如来叫它为实相。世尊，我今天听到这样的经典，相信、理解、接受、行持，不是什么难事，但是在将来后世，五百年后，那时如果有众生听到这部经，也能相信、理解、接受、行持，这个人便是最为第一希有之人。为什么呢？因为这个人无我相、无人相、无众生相、无寿者相。为什么会如此呢？因为我相即是非相，人相、众生相、寿者相即是非相。为什么呢？因为远离一切的相，就叫做诸佛。"

[注释]

①义趣：义理之所归趣。

②慧眼：五眼之一，为二乘圣者所证之眼。了知诸法平等、性空之智慧，见一切法空，故称慧眼。《大智度论》卷三十三："为实相故求慧眼，得慧眼，不见众生，尽灭一异相；舍离诸著，不受一切法；智慧自内灭，是名慧眼。"

③实相：与世间诸法假相相对，指真实之相，万有的究竟本体之相。一切诸法之各别相（如地之坚相、水之湿相、火之热相）皆为虚妄，一一皆可破可坏；相对于此，无漏智所证之实相则离虚妄之诸相而平等一如。

④功德：功业与德行。与"福德"相比，"功德"意义更广泛且有强调"行动"、"功夫"的意味。

[解说]

二乘圣者虽然已经明白了我空的道理，但于法尚有执著。或者说他们虽然断除了烦恼障，但还未彻底清除所知障。现在须菩提尊者听佛讲《金刚经》，明白了一切法空的道理，由于"深解义趣"，以至于"涕泪悲泣"。

为什么尊者会如此？因为佛讲了尊者从未听过的实相教法，今日能听此经，来日定证实相。又因为只有亲证实相的佛，才能讲出这样深奥的般若经典，而值佛出世却又是万分幸运的事情。故此尊者才说："希有世尊！

佛说如是甚深经典，我从昔来所得慧眼，未曾得闻如是之经。"可知此经难闻难遇。

对此傅大士有颂云："闻经深解义，心中喜且悲。昔除烦恼障，今能离所知（所知障）。遍计（指遍计执性）于先了，圆成（指圆成实性）证此时。宿秉无碍慧，方便劝人持。"

"方便劝人持"也就是指尊者在此向佛说出自己的心得，以劝化后人。如果谁能以清净心来受持《金刚经》，就能够成就第一希有的功德，此人必能心生实相。

实相即第一义谛，是一切法的本来面目，也即是一切法的空性，唯有透过般若才能得证。实相之中，不见一法有生，也不见一法有灭，平等一如，非语言所能表达。《华严经》云："言语说诸法，不能显实相，平等乃能见，如法佛亦然。"不见一法有生，是依第一义谛说，能生实相，是依俗义谛说，若依第一义谛说实相，即如经说："是实相者，即是非相。"实相非任何相，只是依世俗名言"是故如来说名实相"。这就是般若的思想。

又经中此处说"成就第一希有功德"，而不是像前文一样说"福德"，其中有深刻的含义。如《坛经》中说："造寺供养，布施设斋，名为求福，不可将福，便为功德。功德在法身中，不在修福。"又说："善知识，功德须自性内见，不是布施供养之所求也。"此《金刚经》所讲的般若之理，若能以清净信心受持，则能生实相，当证法身，与诸佛等同，因此说为"第一希有功德"，而不说"成就无量福德"。

又此般若法门，能信者少，能修者更少。所以须菩提尊者说，末法后世，能信受此法门的人，是"第一希有"。如果真能信受，则定得第一利益，因为此人一定能够"无我相、无人相、无众生相、无寿者相"。这四相都是假相。众生无始轮回，就是被这些假相所欺骗，就如同有眼病的人看见空中花，认为是真有花在那里一样。今天以般若之力，远离四相，得入实相，才知道："我相即是非相，人相、众生相、寿者相即是非相。"就如同患眼病的人病好了，才知道空中花原来并不是花，本来就不存在空中花，也才知道虚空原来如此。

离开我、人、众生等一切妄相,就与诸佛平等无二,即名为佛,此即经中所说的:"离一切诸相,则名诸佛。"

佛告须菩提:"如是,如是。若复有人,得闻是经,不惊不怖不畏①,当知是人,甚为希有。何以故?须菩提,如来说第一波罗蜜②,即非第一波罗蜜,是名第一波罗蜜。须菩提,忍辱波罗蜜③,如来说非忍辱波罗蜜。何以故?须菩提,如我昔为歌利王④割截身体,我于尔时,无我相、无人相、无众生相、无寿者相。何以故?我于往昔节节支解时,若有我相、人相、众生相、寿者相,应生嗔恨⑤。

"须菩提,又念过去,于五百世⑥作忍辱仙人⑦,于尔所世⑧,无我相,无人相,无众生相,无寿者相。是故,须菩提,菩萨应离一切相,发阿耨多罗三藐三菩提心。不应住色生心,不应住声、香、味、触、法生心,应生无所住心。若心有住,则为非住⑨。是故佛说菩萨心,不应住色布施。须菩提,菩萨为利益一切众生,应如是布施。如来说一切诸相,即是非相。又说一切众生,即非众生。

[译文]

佛告诉须菩提说:"是这样的,是这样的。如果有人听到这部经,不惊不怖,也不畏怕,应该知道这个人很是希有难得。为什么呢?须菩提,如来所说的第一波罗蜜,并非第一波罗蜜,只不过是名叫第一波罗蜜。须菩提,忍辱波罗蜜,如来说也并非忍辱波罗蜜,只不过叫做忍辱波罗蜜。为什么?正如在过去世我被歌利王割截身体时,我当时没有我相,没有人相,没有众生相,也没有寿者相。为什么说没有这些相呢?因为在我被一节节地肢解时,如果有我相、人相、众生相、寿者相,应该生起嗔恨心。

"须菩提,再忆念我在过去世,有五百世都作忍辱仙人,那些世中，同样无我相，无人相，无众生相，无寿者相。所以，须菩提，菩萨应该心离一切相，发起阿耨多罗三藐三菩提心，不应该住在色上生心，不应该住在声、香、味、触、法上生心。如果心有所住，便不是真住。所以佛说菩萨的发心，不应住在色相上布施。须菩提，菩萨为了利益一切众生的缘故，应该这样布施。因为如来说所有一切相，都是非相，又说一切众生，也都非众生。

[注释]

①不惊不怖不畏："惊"，即吃惊、震惊；"怖"，即恐惧；"畏"，即畏怕。此三者是递进关系，听闻《金刚经》的义理，心中不吃惊、不恐惧，继而不畏怕，敢于承当，依教而行。

②第一波罗蜜：指般若波罗蜜，因为般若波罗蜜为六度之究竟，前五度为方便。

③忍辱波罗蜜：又称安忍波罗蜜，即令心安稳，堪忍外在之侮辱、恼害等，凡加诸身心的一切苦恼、苦痛，皆能忍之。

据《瑜伽师地论》卷五十七，忍辱含有不愤怒、不结怨、心不怀恶意等三种行相。又《大智度论》卷十四中，将忍辱分为两类：(1) 生忍，(2) 法忍。如果有两种人来到菩萨面前，一种人对菩萨恭敬供养，一种人对菩萨嗔骂打害，菩萨心中都能安忍，不爱敬养自己的众生，也不恨加害自己的众生，这就是生忍，即对众生的安忍。菩萨知一切有为、无为诸法，自性清净，无生无灭，心无所著，即为法忍。

④歌利王：意译作斗诤王、恶生王、恶世王、恶世无道王。佛陀于过去世为忍辱仙人时，此王恶逆无道，一日，率宫人出游，遇到忍辱仙人在树下坐禅，随侍的宫女在歌利王睡觉时，离开歌利王而到忍辱仙人处听法，歌利王醒来后不见了宫女，便四处寻找，最后找到忍辱仙人处，见此情景遂生恶心，将仙人的耳鼻手足等节节肢解。此时四天王雨金刚砂，歌利王见此心生恐怖。这时菩萨发愿来世成佛后，第一个先度歌利王。此王后来即释迦佛的第一个弟子憍陈如。这是菩萨忍辱行满的著名例子。

据《大唐西域记》卷三记载，北印度乌仗那国瞢揭厘城之东有大塔，即传说为忍辱仙人受苦之处。

⑤嗔恨：嗔为三毒之一，对苦及生起苦的因缘心生憎恚，谓之嗔恨。嗔恨使身心热恼，从而发起恶业。

⑥五百世：即五百生，此处"世"为一生之义。

⑦忍辱仙人：释迦佛在修习忍辱之行时的称呼。

⑧尔所世：即前所说"五百世"。

⑨非住：不是正住，并非住于真实之义。

[解说]

佛对须菩提尊者的理解予以肯定，说道："如是，如是。"又说如果有人听说《金刚经》不惊不怖不畏，这样的人十分希有。

对于诸法无相之理，最初听闻不惊，中间思维不怖，最后依法而行不畏，闻思修三时心安不动，远离我、人、法、非法等想，即是"第一波罗蜜"，渡生死河，达涅槃岸，一切法中最为殊胜，所以名为第一。

又若了悟人法俱空，则无生死之河可渡，也无涅槃彼岸可到，不离世间，而证涅槃，此中又有何处而为第一？所以经中为破此执而说"非第一波罗蜜"。佛所说法，亦如幻化，非有非空，如船如筏，"是名第一波罗蜜"。

对于般若深理不惊不怖不畏，即为忍辱波罗蜜，所以说完第一波罗蜜后，佛接着说忍辱波罗蜜。

忍辱又译为安忍，分为生忍和法忍。忍受众生对自己的恼害，即为生忍。心住于法，安住于法而不动，即为法忍。如菩萨证无生而将无生任持于心，即为无生法忍。

菩萨修忍辱，目的是除去对人、我等的执著，如果不以般若摄持忍辱，那就只能叫做忍辱，不能叫做忍辱波罗蜜。因为这样的忍辱不离我、人、众生，不能到达无我的彼岸，所以不能称为波罗蜜。

若以般若修忍辱，内不见有我，外不见人、法，中间不见忍辱之相，才是真正的忍辱波罗蜜。因此经中说，"忍辱波罗蜜，如来说非忍辱波罗蜜"，因为如果有"我能忍辱"之心，那就不是在修真正的忍辱度，而是在修相似的忍辱度。

虽然在菩萨心中并无忍辱可得，但在众生看来菩萨忍辱的行为却是不虚的，所以佛才对众生说忍辱，但这也只是为度众生方便而说的"忍辱波罗蜜"。

如何知道这样的忍辱确有其事？佛在前世修菩萨行时已经给众生做了这样的榜样。如经中所言，佛在前世，曾被歌利王将身体节节肢解，然而却不生一点嗔恨之心，这就是证明。为什么被人割截自己的身体而毫无嗔恨之心呢？这是因为菩萨当时无我、人、众生、寿者之相。如果菩萨当时有我相、人相，见他损害自己，就一定会生嗔恨。

可能有人认为没有自他的分别是愚痴的行为，然而并非如此。如果以愚痴为因，别人害自己时嗔恨之心也一定会生起。再愚痴的人或畜生，也不会在自己的性命受到伤害时而无动于衷。因此菩萨当时的行为并不是愚痴，而是确无人、我之相。菩萨不但未生嗔恨心，还对这个残暴的歌利王生起大悲心，发愿成佛以后第一个就要度的，就是这个歌利王（此即后来的最初五比丘中的憍陈如）。

菩萨不只是在受到伤害时才修习忍辱，在未受伤害时也是如此，如经中所说："又念过去，于五百世作忍辱仙人，于尔所世，无我相，无人相，无众生相，无寿者相。"所以应该恒时不离般若，这样才能六度圆满，速证实相，否则布施等只为人天福报之因，何日才能获得解脱呢？

正因为如此，所以佛对须菩提尊者说："菩萨应离一切相，发阿耨多罗三藐三菩提心。"菩提心要用般若摄持，才能成为真正的菩提心。因为菩提心是令一切众生都成佛的心，想要成佛就必须远离人、我等相，如前文所说："离一切诸相，乃名诸佛。"如果不能离相发心，这种发心便是有住之心，便是有为之心，不能证得佛无为之果，而且有相的发心也很容易退失。

如何是离相发心呢？应如经中所说："不应住色生心，不应住声、香、味、触、法生心，应生无所住心。"

住无所住，才是住于菩提。菩提即觉，觉而不染，住而无相，只是假名为住。又住于菩提，也即是住于无所住，若以菩提实有住处，并非真正住于菩提，因为菩提本无住处。所以经中接着说："若心有住，则为非住。"

如果心有住处，即非为正住。《华严经》中说："凡夫见诸法，但随于相转,不了法无相,以是不见佛。牟尼离三世,诸相悉具足,住于无所住,普遍而不动。"其中又说:"一切法无住,定住不可得,诸佛住于此,究竟不动摇。"这些都是在说住无所住的道理。

以上说安住于般若深义,以般若摄忍辱度。同样布施、持戒等度,也应以般若摄持,才能称得上是"波罗蜜",因为不以般若摄持就不能到彼岸。所以经中又说道:"是故佛说菩萨心,不应住色布施。"

什么是菩萨心?简单地说就是大悲和般若。因为菩萨具有大悲,所以能够不像二乘人一样安住于自利的涅槃,而是不舍救度众生的行为;又因为菩萨具有般若,所以能够在度生时做到无我、无人、无物,一切能舍,不厌疲劳。正如经中所说:"菩萨为利益一切众生,应如是布施。"

有人可能会问:既然菩萨不住于一切法,他又如何能够布施,利益众生呢?这要从菩萨和众生两个方面来说。

从众生方面而言,菩萨舍弃自己财物、身命的行为,就是在真正地布施,众生也确实可以得到菩萨布施的利益。因为众生心中未离执著,仍计有我、有物,所以得到想要的就会高兴,无法得到就会忧伤。因此菩萨的布施(财施、法施、无畏施)对众生而言,有着实实在在的利益,很多众生也因此走上学佛的道路。

从菩萨方面说,因为菩萨觉悟到无我、无人、一切法无实,所以心中对一切都不执为实有,虽行布施,不见实有众生,也不见实有诸物。菩萨在布施等行为中,对治自己的执著习气,最终获得彻底的解脱。

经中接着说道:"一切诸相,即是非相。又说一切众生,即非众生。"这是对菩萨而说的,不是对一般众生说的。当然如果众生一念觉悟,发起菩提心,也即是菩萨。众生与菩萨,也没有定法。众生觉即是菩萨,菩萨迷即是众生。一切法都是因缘而生,无有自性。

"须菩提,如来是真语者,实语者,如语者,不诳语者,不异语者①。须菩提,如来所得法,此法无实无虚②。须菩提,若菩萨心住于法而行布施,如人入暗,则无所见。若菩萨心不住法而行布施，如人有目，日光明照见种种色。须菩提，当来之世，若有善男子、善女人，能于此经受持读诵，则为如来以佛智慧，悉知是人，悉见是人，皆得成就无量无边功德。

"须菩提，若有善男子、善女人，初日分以恒河沙等身布施，中日分复以恒河沙等身布施，后日分③亦以恒河沙等身布施，如是无量百千万亿劫④以身布施。若复有人，闻此经典，信心不逆⑤，其福胜彼。何况书写、受持、读诵、为人解说？

"须菩提，以要言之，是经有不可思议、不可称量、无边功德。如来为发大乘⑥者说，为发最上乘⑦者说。若有人能受持读诵，广为人说，如来悉知是人，悉见是人，皆得成就不可量、不可称、无有边、不可思议功德。如是人等，则为荷担如来阿耨多罗三藐三菩提。何以故？须菩提，若乐小法⑧者，著我见、人见、众生见、寿者见，⑨则于此经，不能听受读诵，为人解说。须菩提，在在处处，若有此经，一切世间天、人、阿修罗所应供养。当知此处，则为是塔，皆应恭敬作礼围绕，以诸华香⑩而散其处。

[译文]

"须菩提，如来所说的是说真话、是实话、是依实相而说，非诳语，也绝无二话。须菩提，如来所证得的法，不可说是实也不可说是虚。须菩提，如果菩萨的心住在法上布施的话，就如同人到了黑暗之中，什么也见不到。如果菩萨的心不住在法上布施，就如同人有了眼目，在明亮的阳光下，能够看见种种色相。须菩提，在将来的时候，如果有善男子、善女人，能够对这部经受持读诵，如来以佛的智慧定会了知，定会明见，这些人都能获得无量无边的功德。

"须菩提，如果有善男子、善女人，在初日时分，用恒河沙数的身命进行布施，中日分又以恒河沙数的身命布施，后日分同样以恒河沙数的身命布施，这样经过无量百千万亿劫，以身命布施。如果另外有人，听到这部经典，信心不变，他所获的福德都胜过前面那个人，更何况书写、受持、读诵、为人解说这部经典！

"须菩提，简要地说，这部经具有不可思议、不可称量、无边无际的功德。这是如来为发了大乘心的人而说的，为发了最上乘心的人而说的。如果有人能够自己受持读诵，且能广泛为人演说，如来会完全知晓、完全明见，这些人都能成就不可估量、不可称计、无有边际、不可思议的功德。他们就是在担负起如来无上正等正觉的重担。为什么呢？须菩提，如果是爱乐小法的人，会执著我见、人见、众生见、寿者见，便不会对这部经典听闻、受持、读诵，也不能为他人解说。须菩提，无论任何地方，如果有这部经典，一切世间的天人、人、阿修罗都应该供养。要知道这个地方，即为有佛的灵塔，都应该恭敬地礼拜围绕，用各种鲜花、妙香供献于该处。

[注释]

①真语者，实语者，如语者，不诳语者，不异语者：此为佛语的五种特性。一切诸佛所言，句句为其亲证境界，故为真语；是什么就是什么，故为实语；说一切法不离真如实相，故为如语；佛不欺诳众生，故不诳语；佛不二说，故不异语。

②无实无虚：（1）如来所证真如，其体性空，不落常见，所以说"无实"；又性空非顽空，因性空所以显现"妙有"，不堕断见，所以说"无虚"。（2）如来所证真如，离一切戏论分别，于离戏论境中，本来就没有"实"和"虚"的概念，所以说"无实无虚"。

③初日分、中日分、后日分：古印度将一天分为六时，昼三时即经中所说"初日分、中日分、后日分"，相当于早晨、中午、傍晚。夜三时为"初夜、中夜、后夜"。

④劫：古代印度的时间单位，又作劫波。泛指极长的时间。

⑤逆：背逆，即指不信受而且诽谤等行为。

⑥大乘：与小乘相对。"乘"为"载"义，小乘指声闻、缘觉乘（也有

称缘觉乘为中乘），虽能自度，不能令一切众生都登彼岸，形象说为"小乘"。大乘指菩萨乘以上教法，誓度一切众生皆成佛道，形象说为"大乘"。

⑦最上乘：大乘教法中的究竟处，即佛乘，无比最胜，称为"最上乘"。

⑧小法：指对声闻乘、辟支佛乘等小乘人讲的教法。

⑨我见、人见、众生见、寿者见："见"，即心中的见解，与"相"相对，内有"见"，则外有"相"。"见"和"相"是"能"与"所"的关系。

⑩华香：即花和香。

[解说]

如来所说的无相之理，世间人不易相信，所以佛又以悲心告诉须菩提尊者，也即是告诉一切众生："如来是真语者，实语者，如语者，不诳语者，不异语者。"

真语不假。佛不像有些人，为了世间的名利，本来自己没有功德，却说自己有功德，自己本来没有解脱，却说自己已经解脱。佛不同于这类人用假话骗人，所以是真语者。

实语不虚。佛也不同有些人，问此答彼，遮遮掩掩，佛以实语告人，绝无虚妄，所以是实语者。

如语契真。佛证真如，一切都是顺真如实相而说，所以是如语者。这不同某些世间人，有了一点点相似的定境或相似的悟境，便说自己已得法身，或已成正觉，等到无常到来或自己的定力消失，与凡夫没什么不同。

不诳语者，佛证无我，不求利养，所以不为名利欺诳众生，唯以大悲，引导众生。

不异语者，佛不二说。佛已证究竟实相，随众生根基的不同，权巧说法，不分亲疏爱憎，唯以一乘佛法引导众生至于佛地。

在《佛遗教经》中，佛的弟子在佛临入涅槃时，对佛所说的教法说了一段至诚的话语："世尊！月可令热，日可令冷，佛说四谛，不可令异。佛说苦谛，真实是苦，不可令乐。集真是因，更无异因。苦若灭者，即是因灭，因灭故果灭。灭苦之道实是真道，更无余道。世尊！是诸比丘于四谛中决定无疑。"这话虽然只是说了四谛的教法，对于佛所说的其他教法也是如此。佛唯是以悲心引导众生，不为自身名闻利养，因此佛所说的一切，都是可信之言。

佛说的一切法，都是从佛法身之中自然流出。如来所证的真如法身，本性空寂，无相可得，故不可言实，又非断灭，内含无量功德，故不可言虚。因此经中说："如来所得法，此法无实无虚。"傅大士有颂道："证空便为实（若取空相，则空也成了不空），执我乃成虚（毕竟无我可取），非空亦非有，谁有复谁无？对病应施药，无病药还祛。须依二空理（人法二空），颖脱入无余（无余涅槃）。"佛法身非实非虚，故佛一再告诫菩萨，应不住于一切法，修布施等行。因为一切法无实，所以应不住于一切法；又一切法无虚，所以也不应弃舍布施等度众生的行为。

佛又以比喻来说明这个道理道："若菩萨心住于法而行布施，如人入暗，则无所见。若菩萨心不住法而行布施，如人有目，日光明照，见种种色。"心住于法，法即成为无明，障蔽佛性，就如同人走进黑暗中，不能见自己的觉性法身。心不住于法，法即成为道用，就如同人有眼目。般若就如同人的眼目，有般若之智，则可入于法身的光明之中，自然获得法身的一切功德，与佛平等。这就如同在光明的阳光下，可以明见万物一样。

经中多处说不住法布施，应知是佛在教导菩萨具有般若智慧的同时，不应弃舍大悲心。二乘之人的修行，主要是为自己入涅槃解脱，虽然尚未得到诸佛的究竟智慧，却一味住于涅槃而不再进步。而菩萨是发心上求佛道，下化众生。因为觉悟一切法空，所以不取一法；也同样因为一切法空，所以为度众生也不舍一法。不取一法因有智慧，不舍一法因有悲心，大悲和智慧的结合，才是真正的菩萨行，也只有这样才能完成上求佛道下化众生的宏愿。

菩萨所修的一切法，都有自他两种利益。自利益，即自己通过听闻、思维、修习一切法，自获智慧，自脱生死。他利益，即是通过财、法布施，使他人受益，或通过自己修行，为他人树立学习的榜样。

菩萨虽然并不求自利，但并不是说就不能自利。如经中所言："当来之世，若有善男子、善女人，能于此经受持读诵，则为如来以佛智慧，悉知是人，悉见是人，皆得成就无量无边功德。"领纳于心为受，忆念不忘为持，受持此《金刚经》，就可得到诸佛的加被。如本经一开始就说："如来善护念诸菩萨，善付嘱诸菩萨。"有人受持此诸佛心要之经，佛岂能不知，岂能不见，岂能不以佛力加被？所以受持此经就能够获得无边的功德。

此功德有多大呢？如经中说："若有善男子、善女人，初日分以恒河沙等身布施，中日分复以恒河沙等身布施，后日分亦以恒河沙等身布施，如是无量百千万亿劫以身布施。若复有人，闻此经典，信心不逆，其福胜彼。何况书写、受持、读诵、为人解说？"无量百千万亿劫，每日三次用恒河沙数的身命布施所获福德，不如闻此《金刚经》，信心不退，更不用说受持读诵、为人解说了。

总之一句话，本经的功德不可思议、不可称量、无量无边。这是因为此经的功德，已经超出了凡夫心的境界，所以不能用心去思量；也超出了言语能表达的程度，所以也不能用语言来说明。此经功德犹如虚空，无量无边，唯佛才能知其边际。

如同上好的甘露，不会盛于瓦罐劣器之中，必用最上等的器皿盛之。这样精深的般若法门，也不是为下等根器的人而说，而是为上等根器的人说的。所以经言："如来为发大乘者说，为发最上乘者说。"乘好比是车，声闻、独觉自了生死，没有度众生的宏愿，就如同小车，只能自载，不能载人，所以称为小乘；菩萨为了度众生而发心，就如同大车，能够运载无量的众生至于彼岸，所以称为大乘。

菩萨虽然不发心为自己，但可在度众生的同时自己也得度，这就如同车的驾驶员，虽然无自度之心，也必然会随车自然到达乘客的目的地一样。又从发心上说，声闻、独觉主要求自己解脱，没有将众生度尽的广大发心，心量为小，故为小乘；菩萨誓度一切众生，心量为大，故为大乘。

经中说的最上乘，即为佛乘，直趋佛地，此是最上等的根器。在《华严经》中说道："若有众生心下劣，为彼演说声闻行；若心明利乐辟支，则为彼说中乘道；若有慈悲乐饶益，为说菩萨所行事；若有最胜智慧心，则示如来无上法。"所以佛为不同根基的众生，宣说了不同的法门，这不是佛有私心，而是不适合的法，对众生说了也无益。此《金刚经》是为发了大乘和最上乘心的人而说的,不是为声闻、辟支佛乘的人而说的。菩萨如果依照此经修习,就能够迅速圆满两种资粮(福慧二资粮),获得究竟解脱。

为何说依此经修习可以迅速圆满两种资粮呢?

第一,福资粮者,仅仅对此经受持读诵、为他人说等,就能够获得无量无边的福德,更不用说其他的如修行无相布施等所获的福德。

第二,慧资粮者,即是依此经思维修习,般若智慧自然增长。又一切的功德,皆因佛而生,受持《金刚经》,即可得到佛的护念,即如经中所说:"如来悉知是人,悉见是人,皆得成就不可量、不可称、无有边、不可思议功德。"

二种资粮圆满,则成佛不难,因此经中又说:"如是人等,则为荷担如来阿耨多罗三藐三菩提。"为什么这样说?因为前经有云:"一切诸佛及诸佛阿耨多罗三藐三菩提,皆从此经出。"佛以悲智不二为体,智慧即是本经所说的诸法空性,能够承当《金刚经》所说的义理,即是承当诸佛的智慧。

又为什么这部经不是为二乘人讲的呢?经中说道:"若乐小法者,著我见、人见、众生见、寿者见,则于此经,不能听受读诵,为人解说。"

乐小法者,即是指声闻、独觉等人。声闻、独觉等人乐著涅槃,不知涅槃也是性空,心有所著,智不圆满,所以称为乐小法者。菩萨悟一切法性空,不住生死,亦不住涅槃,心契法界,遍含一切众生,所以称之为大。

为什么乐小法的人不能听受此经呢?就是因为这些人心中尚有法执,未离我、人、众生、寿者之见,而《金刚经》所破斥的,正是这些执著,所以不能被这些人所接受。如果自己都不能信受,不知般若的真正义理,当然更不能为人解说了。

在《坛经》中也有类似的一段话,可以说明这个道理。《坛经》中说道:"善知识,若欲入甚深法界及般若三昧者,须修般若行,持诵《金刚般若经》,即得见性。当知此经功德,无量无边,经中分明赞叹,莫能具说。此法门是最上乘,为大智人说,为上根人说,小根小智人闻,心生不信。譬如天龙,下雨于阎浮提(即我们所居的南赡部洲),城邑聚落,悉皆漂流，如漂枣叶，若雨大海，不增不减。若大乘人，若最上乘人，闻说《金刚经》，心开悟解，故知本性自有般若之智，自用智慧常观照故，不假文字。"

大雨下在陆地上、一切村落城市等，都可能会像枣叶一样被冲走，但再大的雨如果下在大海里，大海之水却不见增减。所以如果心乐小法，闻此破一切相的经典，必定不能信受，狐疑诽谤。但如果是上根之人，闻说此法，则定会如饮甘露，欢喜踊跃。又如小根草木，若遇大雨，便被冲走。但若是根深叶茂的大树，则会因雨更加旺盛。小智之人和大智之人，也是如此。

在这里经中第一次提到"我见、人见、众生见、寿者见"，以前经中都是说"我相、人相、众生相、寿者相"。这有什么区别呢？

说"见"是指"能"，说"相"是指"所"，"能"为内，"所"为外。因为内有"我见、人见、众生见、寿者见"，所以外有"我相、人相、众生相、寿者相"。能和所是不能分离的，有能必有所，有所也必有能。《金刚经》在前面谈"相"，重在破"所"，后谈"见"，重在破"能"，这是先破外后破内。

若是上根，知无外则悟无内；若是下根，见外被破，便会著内。所以佛在经中，外内皆破，离一切能所，令众生深入般若，远离一切执著。

佛在世时，佛为世人的最上福田，佛灭度后，佛留下的经典与塔庙等，则为世人福田。此《金刚经》与佛的塔庙一样，都是世人福田之因。所以经中再次说道："在在处处，若有此经，一切世间天、人、阿修罗所应供养。当知此处，则为是塔，皆应恭敬作礼围绕，以诸华香，而散其处。"

"复次，须菩提，善男子、善女人，受持读诵此经，若为人轻贱①，是人先世②罪业③，应堕恶道④，以今世人轻贱故，先世罪业则为消灭，当得阿耨多罗三藐三菩提。须菩提，我念过去无量阿僧祇⑤劫，于然灯佛前，得值八百四千万亿那由他⑥诸佛，悉皆供养承事⑦无空过者。若复有人，于后末世，能受持读诵此经,所得功德,于我所供养诸佛功德,百分不及一,千万亿分,乃至算数譬喻所不能及。须菩提,若善男子、善女人,于后末世,有受持读诵此经,所得功德,我若具说⑧者,或有人闻,心则狂乱⑨,狐疑不信。须菩提,当知是经义不可思议,果报⑩亦不可思议。"

[译文]

"再者,须菩提,如果有善男子、善女人,受持读诵这部经典,却被人轻贱,这个人由于过去世的罪业,应该堕于恶道之中,因为现今被人轻贱的缘故,过去世的罪业便会消灭,并将证得阿耨多罗三藐三菩提。须菩提,我忆念在过去的无量无边阿僧祇劫,在遇到然灯佛以后,又遇到八百四千万亿那由他数目的佛,我都供养承事,没有一个空过的。如果有人在后世末法时代,能够受持读诵这部经典,所得到功德,和我供养上述诸佛的功德相比,我供养诸佛的功德不及受持《金刚经》功德的百分之一,千万亿分之一,直至到了用算术譬喻都是不能说清的程度。须菩提,善男子、善女人,在后世末法时代,有能受持读诵此经的,所获得的功德,我如果一一说明的话,或许有人听到,心会狂乱,并且狐疑不信。须菩提,应当知道,这部经的经义不可思议,获得的果报也不可思议。"

[注释]

①轻贱:轻视鄙视,以此为贱。

②先世:以前世。准确地说,"世"为迁流的意思,即于时间上有过去、现在、未来三世的流转。"先世"即统指过去,也包括今生已经过去的这段时间。

③罪业:"业"为"造作"的意思。凡是身、语、意的一切行为,都为"业",即身业、语业和意业。业分三种,善的行为,称为善业;不善的行为称为罪业;非善非恶的行为,称为无记业。"业"具有力量,称为"业力",在"业力"的作用下,众生感受以前所造"业"的果报。

通常所说"罪业",指十不善业。即身业方面的杀生、偷盗、邪淫;语业方面的妄语、绮语、两舌、恶口；意业方面的贪心、嗔心、邪见。

④恶道：六道之中，地狱、饿鬼、畜生三道，因为极苦，称为三恶道。人、阿修罗、天道为三善道。

⑤阿僧祇：梵语音译，意译为无数或无央数。关于阿僧祇的具体数目，依《华严经》阿僧祇品，"一百洛叉，为一俱胝。俱胝俱胝，为一阿庾多。阿庾多阿庾多，为一那由他。那由他那由他，为一频波罗……钵头摩钵头摩，为一僧祇。僧祇僧祇，为一趣。趣趣，为一至。至至，为一阿僧祇……"从洛叉（一洛叉为十万）到阿僧祇，共有一百零五重数。

⑥那由他：见注⑤，"阿庾多阿庾多，为一那由他。"

⑦承事：承为秉承、承受义，承事即听从吩咐、承办事业之义。

⑧具说：具体地说，无一遗漏、一五一十地说。

⑨狂乱：心念汹涌，不可控制。

⑩果报：由过去的业因所召感的结果。可分为异熟果、等流果、增上果、士用果及离系果。

[解说]

上面从获福方面说明此经的功德，下面从灭罪方面说明此经的功德。也许有人会有这样的疑问：既然《金刚经》的功德如此之大，那为什么现在有很多信仰《金刚经》的人，反而遭到了大家的讥笑呢？要知道佛是不妄语的，发生这种事情是因为这个人在前世做过恶业，有因必有果，所以虽然有人信仰《金刚经》，却仍受到了别人的讥笑。

虽然有因一定会有果，但果报的形式却不一定，还要看外缘而定。比如两个人都做了同样的恶业，一人过后诚心忏悔，然后广行众善，那么这种恶业就会轻报；另一个人不知悔改，那么这种恶业便会重报。因果规律是灵活的，虽做恶业，但如果能够做忏悔、诵经、布施等善行，也会改变此因成熟时的外缘，缘不同，果报自然也就会不同。

本经此处所说的就是这种道理：本来前世做了许多恶业，后世理应堕到地狱、饿鬼或畜生道中去，但是因为能读诵受持《金刚经》，获得了无量功德，仅仅是受人轻贱便可将前世的恶业消除，以后再也不会因为这些恶业而堕恶道。这正体现了《金刚经》的功德和因果规律的灵活性。所以佛教讲因果并不是宿命论,每一个人都可以用自己的努力来改变自己的命运。

在经的前面,曾用七宝布施、恒河沙身命布施作为比喻,来说明《金刚经》的功德。

布施主要是指对下或对与自己平等的人而说,如布施给乞丐、布施给穷人,等等。如果对上,如对佛菩萨,则说供养,以表达诚敬之心。供养佛有很大的功德,那是不是供养佛的功德会比受持《金刚经》的功德大呢?不是的。经中说:释迦佛在遇到然灯佛后,对八百四千万亿那由他数目的佛都曾经亲身承事供养,没有一个错过的,但他这样所获得的功德,也不及受持《金刚经》功行的百分之一、千万亿分之一,直到用算术、譬喻都不能表达的程度。

因此如果要原原本本地把受持《金刚经》的功德都说出来,有人听到就会内心狂乱,狐疑不信。这也正是说明了小根小智之人,不能承受大乘空性的教法。如果以空性教法去教化小根之人,不但不会起到好的效果,反而会使这些人造下疑法、谤法的罪业,结果是适得其反。因此才说《金刚经》是对上根之人讲的,此经的义理不可思议,受持此经的果报也就不可思议。

尔时,须菩提白佛言:"世尊!善男子、善女人,发阿耨多罗三藐三菩提心,云何应住?云何降伏其心?"

佛告须菩提:"善男子、善女人,发阿耨多罗三藐三菩提心者,当生如是心①:我应灭度一切众生,灭度一切众生已②,而无有一众生实灭度者③。何以故?须菩提,若菩萨有我相、人相、众生相、寿者相,则非菩萨。所以者何?须菩提,实无有法发阿耨多罗三藐三菩提心者④。

[译文]

这时,须菩提对佛说道:"世尊!若有善男子、善女人,发起阿耨多罗三藐三菩提心,心应该住在何处?如何降伏妄心呢?"

佛告诉须菩提说:"善男子、善女人,发起阿耨多罗三藐三菩提心的,应当生起这样的心:我应该灭度一切的众生,灭度这一切的众生后,而没有一个众生被真实灭度。为什么呢?须菩提,如果菩萨有我相、人相、众生相、寿者相,就不是菩萨。为什么这样说呢?须菩提,因为确实没有一个法能够发起阿耨多罗三藐三菩提心。

[注释]

①当生如是心:应当生起这样的心。前文佛答须菩提尊者说"应如是降伏其心",重在"降伏其心",今者回答"当生如是心",重在生起清净心。

②灭度一切众生已:即"灭度一切众生之事已经完毕之时"。什么时候才能将一切众生全部灭度?即菩萨成佛之时,证悟"心、佛、众生三无差别",即为将一切众生全部度尽。当然这是对菩萨而言,若对众生而言,众生仍是众生,菩萨仍是菩萨。

③无有一众生实灭度者:即"没有一个众生真实灭度的"。前文说"实无众生得灭度者",是说"没有众生",重在人我空;今说"无众生实灭度者",是说没有一个实实在在的法为"灭度",重在法我空。

④实无有法发阿耨多罗三藐三菩提心者:即"确实没有这么一个法,能够发起无上正等正觉之心",仍是破除对法的实执。

[解说]

在这个时候,须菩提尊者再次问佛道:"善男子、善女人,发阿耨多罗三藐三菩提心,云何应住?云何降伏其心?"

须菩提尊者为何再次发问?古来解释很多。关于这段经文的翻译,不同的版本也不尽相同。大多数的译本中须菩提尊者这段问话前后并无不同,而在鸠摩罗什译本中的某些版本中,这两段的问话却稍有不同。如在《大正藏》中,前文尊者是问:"应云何住?云何降伏其心?"此处则为:"云何应住?云何降伏其心?"如果是这样的话,前后二问的侧重点就很不相同了。

前文"应云何住",重点在"应何住",也就是应该如何安住、如何才能安住的意思。因为是初发菩提心，想求取无上正等正觉，虽然发心而不能使心安住在菩提心中，不能安住在正念之中，所以须菩提尊者问佛重在如何降伏妄念，使心安住。

此处"云何应住"，重在"何应住"，也就是应该在何处安住、安住于何处的意思。因为佛在前面已经为大家开示了般若正见，说明了一切法无我、无人、无众生、无寿者，一切法空的道理。既然一切法空，那到底心要安住在什么上面呢？既然没有众生，还要不要发大悲心呢？是不是住在一切法空的见地之中就是修习般若波罗蜜了呢？这实际上是须菩提尊者请佛开示具有了初步的空性正见之后进一步修行的问题。

这也是佛法修行中一个容易出现偏差的地方。此时容易出现两种错误：一是进入否定一切的"顽空"，从而断送了自己的解脱之路；二是并没有证到究竟的空性，仅仅知道了一点皮毛，就认为自己已证空性，这同样会成为自己前进中的障碍。

我们看佛如何回答尊者的这次提问。佛说："发阿耨多罗三藐三菩提心者，当生如是心：我应灭度一切众生，灭度一切众生已，而无有一众生实灭度者。"

首先，此处佛说"当生如是心"，而在前面佛是说"应如是降伏其心"，不难看出，前面的经文重点回答的是"如何降伏其心"，而此处的经文重点回答的是"云何应住"。所以无论尊者的问题前后是否相同，佛回答的重点不同，这是不难看出的。

接着，佛说菩萨应该生起这样的心：我要灭度一切众生，灭度一切众生后，却没有一个众生真实灭度的。我们还是和前文对照来说明佛的这个回答。前文佛说："所有一切众生之类，若卵生、若胎生……我皆令入无余涅槃而灭度之。如是灭度无量无数无边众生，实无众生得灭度者。"前文说"如是灭度无量无数无边众生"，而此处则说"灭度一切众生已"；前文说"实无众生得灭度者"，此处则说"无有一众生实灭度者"。这中间有何差别呢？

在前面的经文中，因为菩萨初发菩提心，心中尚有众生之相，所以也就有众生数量之相，因此佛说"灭度无量无数无边众生"，而真实中却是"实无众生得灭度者"，重在破众生之相。而在此处因为已经对菩萨开示了无我、无人、无众生的道理，此时菩萨心中已无众生之相，所以菩萨心中也就没有了众生有边、无边、能度尽、不能度尽等戏论，对此菩萨来说，他可以做到"灭度一切众生"。但如果菩萨心中尚有对"一切众生已灭度"的执著，仍然是法执，不是究竟的般若，所以佛在此处说"无有一众生实灭度者"，是破除菩萨心中"众生已被灭度"的想法，重点在清除对"灭度"的法执。前后比较可以看出，前文是在破除粗重的我、法二执，此处是在破除微细的我、法二执。看似相同的提问和回答，实质上却有着非常大的差别。

这段问答同前文一样，仍旧围绕着大乘佛法的两大主线：大悲心和空性见。没有大悲心，就会落入二乘；没有空性见，就不能究竟解脱，这在前文已有论述。有了大悲心与空性见，既不会使修行者落入"顽空"的深渊，又能够使行者不被事相所缚，最终获得真正的自在。虽然《金刚经》的重点不是讲大悲心，而是讲空性见，但仍然强调了度脱一切众生的大悲心的重要性，读者可自己体会其中的深义。

为什么菩萨心中没有众生被真实灭度之相呢？这是因为菩萨心中没有我相、人相、众生相、寿者相，也没有"灭度"的法相。所以经中佛说，若有四相，即非菩萨。这与前段经文是相同的，只是层次上更加深入、更加细微。

在前文的问答中，这个问题到此便告一段落，而在此处佛则是更进一步，说道："所以者何？须菩提，实无有法发阿耨多罗三藐三菩提心者。"这是什么意思？这是在告诉大家，菩萨也只不过是一个假名而已。发了菩提心，就称为菩萨，如果没有一个真实存在的一个法能够发菩提心，那发菩提心也就只是个假名，既然发菩提心是假名，菩萨当然也只是假名了。

我们再和前文比较：前文中佛说若有我、人等四相，即非菩萨。为了引导众生，佛当时暂且承认菩萨的存在，没有连菩萨之相也一并破除；而在此处佛教导菩萨破除了各种粗重的执著后，回过头来再破除菩萨心中存在的对"菩萨"、"菩萨行"、"众生得度"等细微的执著。而且这种破是直接从成为菩萨的因上破,即发菩提心者名为菩萨,如果没有一个法叫发菩提心,也就没有了菩萨。没有了菩萨,也就没有菩萨行,没有众生得度这些事了。

佛就是这样一步步地从粗到细,从外到内,把众生心中的各种执著一一破除,从而将众生导向一切法空的真实境界。因为众生从无始以来,就执著人我,串习深重,想要一下子破除干净也不可能,因此佛便用各种方便,先破除众生心中易见的人、我、众生等粗重易见之相,然后向内逐渐剖析,直至彻底破除存留在众生心中的各种微细概念之相,这正是佛智慧的表现。

需要强调的是,佛破除一切法相,是站在胜义谛的角度,就一切法的真实本性而言。胜义上一切法都是空性,但并不是说世俗上这一切法都不存在,也就是说空性不等于什么都没有。在前文说二谛时,已经说过这个道理,切不可认为空性就是否定一切,因为对于心中尚有无明的众生而言,世界、因果等一切现象,虽然本体是空性,然而对众生而言却真实存在。所以应该正确理解空性,才不会落入否定一切的断灭见中。断灭见的后果必然是堕入恶道。

"须菩提,于意云何?如来于然灯佛所,有法得阿耨多罗三藐三菩提不?"

"不也,世尊!如我解佛所说义:佛于然灯佛所,无有法得阿耨多罗三藐三菩提。"

佛言:"如是,如是。须菩提,实无有法如来得阿耨多罗三藐三菩提。须菩提,若有法如来得阿耨多罗三藐三菩提者,然灯佛则不与我授记①:'汝于来世,当得作佛,号释迦牟尼。'以实无有法得阿耨多罗三藐三菩提,是故然灯佛与我授记,作是言:'汝于来世,当得作佛,号释迦牟尼。'何以故?如来者,即诸法如②义。若有人言,如来得阿耨多罗三藐三菩提。须菩提,实无有法佛得阿耨多罗三藐三菩提。须菩提,如来所得阿耨多罗三藐三菩提,于是中无实无虚,是故如来说一切法皆是佛法③。须菩提,所言一切法者,即非一切法,是故名一切法。

[译文]

"须菩提,你怎样认为?如来在然灯佛那里,有一个法使我得阿耨多罗三藐三菩提吗?"

"没有,世尊!按照我对佛所说经义的理解:佛在然灯佛那里,没有什么法使佛得到阿耨多罗三藐三菩提。"

佛说:"就是这样,就是这样。须菩提,确实没有什么法令如来证得阿耨多罗三藐三菩提。须菩提,如果有什么法使如来得到阿耨多罗三藐三菩提的话,然灯佛就不会对我授记,说:'你在未来世,将会成佛,佛号叫释迦牟尼。'因为实在是没有什么法能得到阿耨多罗三藐三菩提,所以然灯佛才给我授记,说道:'你在未来世,将会成佛,佛号叫释迦牟尼。'什么原因呢?因为所谓的'如来',即一切法'如如'之义。或许有人会说,如来得到阿耨多罗三藐三菩提。须菩提,实实在在的没有什么法令佛得到阿耨多罗三藐三菩提。须菩提,如来所证得的阿耨多罗三藐三菩提,其中无实无虚,所以如来说一切法都是佛法。须菩提,所谓的一切法,非一切法,只是名叫一切法。

[注释]

①授记:(1)佛对菩萨授成佛之记。如然灯佛对释迦佛的授记,释迦佛对弥勒菩萨将来成佛的授记等。(2)佛对弟子将来所证果位或后世事业等的预言。如《长阿含经》卷五阇尼沙经载,佛记伽伽罗大臣命终后生天,其余五十人得斯陀含,五百人得须陀洹等。

②诸法如:据《大智度论》卷三十二:"诸法如有二种:一者各各相,二者实相。各各相者,如地坚相、水湿相、火热相、风动相,如是等分别诸法各自有相。实相者,于各各相中分别求实不可得不可破。"各各相,是说一切万法,森然昭彰,一一不乱。实相,是说这一切法,虽各有自相,但求其实际,相无

自性，即是空性，是空性则既无可得，也无可破。证此"如"者，即为如来。

③一切法皆是佛法：一切法的究竟，皆不出佛的法身，所以说一切法都是佛法。

[解说]

上面说实无有法发阿耨多罗三藐三菩提心，下面说实无有法得阿耨多罗三藐三菩提。在前文中，佛已说过阿耨多罗三藐三菩提无所得，在这三段经文中，无有法发阿耨多罗三藐三菩提心，是说因位无得；阿耨多罗三藐三菩提无所得，是说果位无得；此处无有法得阿耨多罗三藐三菩提，是说修行无得。

释迦佛得然灯佛授记，是依世俗而说，非依胜义而说。若依胜义说，尚无一切法，何况授记等事呢？所以为了消除大众心中的疑惑，佛再次问须菩提尊者："如来于然灯佛所，有法得阿耨多罗三藐三菩提不？"尊者当然明白这个道理，回答佛道："无有法得阿耨多罗三藐三菩提。"这表明菩萨所修行的，正是这种无得的智慧，对修行本身也不能执著。

一切诸佛所证无上菩提，无有少法可得，因为若有一法不空，即是障碍，不能成等正觉。若要证得这无所得的果位，必须在因位就具有无所得的正见，并且在修行过程中实践这种无所得的正见，最后才能成就佛果。

释迦佛之所以得到然灯佛授记，也就是因为释迦佛当时已无我、人、众生等相，已无一切法的执著，否则也不会得到授记，如经中所说："若有法如来得阿耨多罗三藐三菩提者，然灯佛则不与我授记。""以实无有法得阿耨多罗三藐三菩提，是故然灯佛与我授记。"这些正是说明了这个道理。

若没有法能得菩提，那又如何成佛呢？经中说道："如来者，即诸法如义。"即是说谁证到一切法真如之义，谁就是佛。

真如，也就是诸法的真性，如其本来面目，再也不变不异。这一切法的本来面目常在，只是具有无明的众生，只见诸法的妄相，不见诸法的真相。这就如同有眼病的人，看到的事物都不是事物的本来面目一样。

佛不同于众生，因为没有了无明，所以见一切法，都是见到法的本来面目，也就是真如实相，就如同没有眼病的人，见任何事物都是事物的真相一般。所以佛也只是对证到真如的人的一种称呼。

虽然我们在这里说真如、实相等，但其中没有一样东西不是空性的本质，所以佛证真如实相，于法却一无所得。若要证入真如实相，就不能对任何东西产生实有的执著，包括不能执著空性、真如本身，这样才能达到真正的空性、真如。这也正是佛在经中一步步引导众生，抛弃各种执著而觉悟真如本性的过程。

因为空性之中无所得，所以不论在佛的果位，还是在菩萨修行的因位，都无所得。如果有人说佛有法可得，即是妄语，诽谤空性，也即是谤佛。因为众生无始以来心著法相，所以很难接受空性的见地，因此佛再三告诉大家："实无有法佛得阿耨多罗三藐三菩提。"

无上正等正觉中无所得，是不是因此就可以说佛没有得无上正等正觉呢？如果这么说，也同样是谤佛。佛如果没有得无上正等正觉，那就不是佛了。所以为了断除这种误解，佛对须菩提尊者说道："如来所得阿耨多罗三藐三菩提，于是中无实无虚。"无实即非有，无虚即非实无，这在前文已有过说明。

虚和实都是对有为法而言的，有为法存在的时候为实，坏灭的时候为虚。而佛所证的是无为法，无为法离生灭之相，所以不能说是实是虚。

无为法非语言所能说，唯有亲证才能真正知道无为法到底是什么。因为无为法中没有任何概念，而语言却是以概念来表达事物的，语言有它固有的局限性，对于远离一切概念的无为法境界，语言本身就无能为力了。所以说有说无、说实说虚，乃至说非有非无、无实无虚等，都只是对众生方便的引导，并不能真正表达无为法本身。

如果通过这种引导能够悟入无为法，那么佛说这一切法的目的也就达到了。只是停留在语言表面而玩文字游戏，永远也不可能知道离言的空性境界。

一切法，无不在法性真如之中，或说这一切法的法性，即是真如实性。真如中含一切法，而佛所证正是真如法性，因此佛说："一切法皆是佛法。"

一切法虽是真如本性，但在胜义谛上却是无所得的空性，所以佛说："所言一切法者，即非一切法。"但在众生的世俗世界，一切法虽是空性却真实存在，因此佛说"是故名一切法"。

正如永嘉大师《证道歌》所言："梦里明明有六趣，觉后空空无大千。"所以未证空性前，六道因果宛然；证空性后，方知六道本空，犹如昨日之梦。但要证空性，首先要有空性的见地，这正是本经的重点。

"须菩提，譬如人身长大①。"

须菩提言："世尊！如来说人身长大，则为非大身，是名大身。"

"须菩提，菩萨亦如是。若作是言，'我当灭度无量众生'，则不名菩萨。何以故？须菩提，实无有法名为菩萨。是故佛说一切法，无我、无人、无众生、无寿者。须菩提，若菩萨作是言，'我当庄严佛土'，是不名菩萨。何以故？如来说庄严佛土者，即非庄严，是名庄严。须菩提，若菩萨通达无我法②者，如来说名真是菩萨。

[译文]

"须菩提，比如说人身长大。"

须菩提说道："世尊！如来说的人身长大，实则并不是大身，只是名叫大身。"

"须菩提，菩萨也是如此。如果菩萨这样说，'我应当灭度无量的众生'，那他就不叫菩萨。为什么？须菩提，因为实在是没有一个法叫做菩萨。所以佛说一切法无我、无人、无众生、无寿者。须菩提，如果菩萨这样说，'我应当庄严佛土'，那么也不能叫做菩萨。为什么呢？因为如来说庄严佛土，并非实有庄严，只是名叫庄严。须菩提，如果菩萨通达了无我之法，如来说这才叫做真菩萨。

[注释]

①人身长大："长"，读"常"。人身长大，即指人的身体既长且大的意思，比喻佛的法身无际，遍一切处。

②无我法：无我之法，亦即一切法无自性、一切法空的义理与实际。

[解说]

下面佛再以大身为喻来说明法身无相的道理。经中说："譬如人身长大。"人身长大比喻佛的法身遍一切境，功德圆满周遍。为什么法身可以遍一切境？因为佛证得了一切法的空性，空性无障碍，所以法身能够周遍。经中前文已说一切法无不是佛法，故一切法不出佛的法身，佛的法身无处不在，所以用"大身"为喻。

又此法身以空性为体，遍一切法，又非一切法，是故经说"即为非大身"，又法身虽性空而万德具足，应机显化，非为断灭之空，是故经说"是名大身"。又此法身，一切众生本来具足，众生与佛，只是证与未证的差别。证则为佛，法身不增不减；不证为众生，法身亦不增不减。从这个角度也可理解佛说证阿耨多罗三藐三菩提而无所得的道理。因为众生本具法身，从来就没有丢失过，你本来就有的东西怎么能说"从外而得"呢？

佛在果地如此，菩萨在因地的修行当然也应如此。所以佛言："菩萨亦如是。若作是言，'我当灭度无量众生'，则不名菩萨。"如果菩萨心中有人我的分别，有度众生的法执，就不是真菩萨，与凡夫相同。为什么？因为菩萨本身也只不过是一个假名而已，并非真有一个实实在在的法叫做菩萨。

因自觉觉他，假名菩萨，这是依世俗谛说。于胜义谛中，有情尚且非有，又怎么会有能觉的菩萨呢？所以佛说："实无有法名为菩萨。"我们应该了悟"一切法，无我、无人、无众生、无寿者"，看透事物的本质，抛弃自己的各种妄想执著。

经中所说的一切法，包含了世界上的万事万物，也包含了我们心中的一切概念。如果我们心中执著"一切法，无我、无人、无众生、无寿者"，这仍是一种法执，也应该舍弃。直到舍到再也没有任何东西可舍，离言绝虑，那时才会真正知道什么是空性。所以佛在前文说道："所言一切法者，即非一切法，是故名一切法。"

如同菩萨不见有众生可度，同样也不见有佛土可庄严。如《文殊般若经》中所说："为一切众生，发大庄严，而心不见庄严之相。"如果不能通达一切法的空性，心取庄严佛土之相，并不是真正的庄严。唯有通达一切法的空性，才是真正的庄严。佛说庄严佛土，是对众生和初机菩萨而说，对根熟的菩萨，如来则开示甚深的般若无相之理。因此经中说："如来说庄严佛土者，即非庄严，是名庄严。"

所以如果不能通达胜义空性，起实有度生之心，或心存庄严佛土之意，均是颠倒，非为菩萨。那么如何才是菩萨？经言："须菩提，若菩萨通达无我法者，如来说名真是菩萨。"于一切法，知其性空，于诸法相，心无滞碍，是名通达无我法。若心中尚有所滞，即非通达。有滞即有执，有执必有滞，有滞则非空性，不能契真如实相。如果能通达无我法，佛才"说名真是菩萨"。注意"真是菩萨"也只是"说名"，只是假名安立，不可执以为实，否则就"非是菩萨"了。这一段的重点在于说明菩萨在修行中，心中不能执著任何法相。

"须菩提，于意云何？如来有肉眼①不？"

"如是，世尊！如来有肉眼。"

"须菩提，于意云何？如来有天眼②不？"

"如是，世尊！如来有天眼。"

"须菩提，于意云何？如来有慧眼③不？"

"如是，世尊！如来有慧眼。"

"须菩提，于意云何？如来有法眼④不？"

"如是，世尊！如来有法眼。"

"须菩提，于意云何？如来有佛眼⑤不？"

"如是，世尊！如来有佛眼。"

"须菩提，于意云何？如恒河中所有沙，佛说是沙不？"

"如是，世尊！如来说是沙。"

"须菩提，于意云何？如一恒河中所有沙，有如是沙等恒河，是诸恒河所有沙数佛世界，如是宁为多不？"

"甚多,世尊!"

佛告须菩提:"尔所国土中,所有众生若干种心,如来悉知。何以故?如来说诸心皆为非心,是名为心。所以者何?须菩提,过去心不可得,现在心不可得,未来心不可得。⑥

[译文]

"须菩提,你怎么认为呢?如来有肉眼吗?"

"是的,世尊!如来有肉眼。"

"须菩提,你怎么认为呢?如来有天眼吗?"

"是的,世尊!如来有天眼。"

"须菩提,你怎么认为呢?如来有慧眼吗?"

"是的,世尊!如来有慧眼。"

"须菩提,你怎么认为呢?如来有法眼吗?"

"是的,世尊!如来有法眼。"

"须菩提,你怎么认为呢?如来有佛眼吗?"

"是的,世尊!如来有佛眼。"

"须菩提,你怎么认为呢?这恒河中的所有沙子,如来说是沙吗?"

"是的,世尊!如来说这是沙。"

"须菩提,你怎么认为呢?如同一恒河中的所有沙数,再有这么多数目的恒河,这些恒河中所有沙数的佛世界,是不是很多呢?"

"非常多,世尊!"

佛告诉须菩提:"这些国土中所有众生的种种心,如来都能了知。为什么呢?因为如来说各种心都非心,只不过是叫做心。这是什么道理呢?须菩提,因为过去的心不可得到,现在的心不可得到,未来的心也不可得到。

[注释]

① 肉眼:眼,《瑜伽师地论》中说:"能观众色,故名为眼。"又"眼"

表智慧，五眼即表五种智慧。

肉眼，为由父母气血所成，能见色相之眼，肉眼有色质的障碍。《大智度论》卷三十三云："肉眼见近不见远、见前不见后、见外不见内、见昼不见夜、见上不见下，以此碍故求天眼。"

②天眼：指天趣众生或由禅定境界而得的眼，远、广、微细事物皆能得见。《大智度论》卷三十三云："得是天眼远近皆见。前后、内外、昼夜、上下悉皆无碍。是天眼见和合因缘生假名之物，不见实相，所谓空、无相、无作、无生、无灭。如前，中后亦尔，为实相故求慧眼。"

③慧眼：二乘之人所具之眼，能够照见一切法空相。《大智度论》卷三十三云："得慧眼不见众生，尽灭一异相，舍离诸著，不受一切法，智慧自内灭是名慧眼。但慧眼不能度众生，所以者何？无所分别故。以是故求法眼。"

④法眼：菩萨所具之眼，能见法性，了知差别诸法。《大智度论》卷三十三云："法眼令是人行是法得是道，知一切众生各各方便门，令得道证。法眼不能遍知度众生方便道，以是故求佛眼。"

⑤佛眼：诸佛所具之眼，无所不知，无所不见。《大智度论》卷三十三云："佛眼无事不知。覆障虽密，无不见知。于余人极远，于佛至近。于余幽暗，于佛显明。于余为疑，于佛决定。于余微细，于佛为粗。于余甚深，于佛甚浅。是佛眼无事不闻，无事不见，无事不知，无事为难，无所思维，一切法中，佛眼常照。"

⑥过去心不可得，现在心不可得，未来心不可得："心"的运作，也是因缘和合之法，并无实性。过去之心已去，现在之心不住，未来之心未至，所以三心均不可得。又"现在心"，若相对过去而说，即为"未来心"，对未来而说，即为"过去心"，所以"三心"也不过只是假名罢了。

[解说]

有人可能会说，菩萨不见有众生，不见有佛净土，也不见我为菩萨，不见一法名为如来，那诸佛菩萨与草木有什么不同呢？为除众生心中之疑，所以佛说五眼。

我们说诸佛菩萨不见诸法，是不见诸法有真实体性可得，即诸法本质上都是空性。如见色，了色空性，并不是先不见了色而后证色的空性，而是证色本身即是空性。如《心经》中所说:"色即是空,空即是色。"又非离色别有空,而是"色不异空,空不异色",色空不二。所以诸佛非同草木无知,而是真实证知一切法究竟的空性本质。

凡夫则不同,见色即以色为实有,闻声即以声为实有,不了色、声的本质为空性,妄心追逐,造业受报,所以称凡夫为颠倒众生。说众生颠倒,就是因为众生以假相为实有,不知这些是幻化妄相,反而贪求不舍。

佛如实证知这一切现象的空性,得大自在,又以悲心,将空性的道理讲给众生,以除去众生无始以来的妄想执著。这就如同正常人告诉患眼病的人,空中的花并不真实存在一样。待患眼病的人病好了,他就会真正知道以前所见的空花,确实并不存在,只是因为自己有眼病才见到空花的。佛开示空性也是如此,待众生无明之病好了,才知道色就是空性,才知道佛言真实不虚。

证空性后,见一切法无相,绝不同草木般无知,恰恰相反,若证空性,反而能够无所不知,无所不见。因此经中,佛问须菩提尊者:如来有肉眼不?有天眼不?有慧眼不?有法眼不?有佛眼不?如来具足五眼,可以洞彻世间、出世间的一切。

在佛法中眼又表示智慧,五眼即表示佛具足人、天、二乘、菩萨和佛一切的智慧。关于五眼,《华严经》中说道:"肉眼见一切色故,天眼见一切众生心故,慧眼见一切众生诸根境界故,法眼见一切法如实相故,佛眼见如来十力故。"傅大士也有颂道:"天眼通非碍,肉眼碍非通,法眼唯观俗,慧眼直缘空,佛眼如千日,照异体还同,圆明法界内,无处不含容。"

因此说诸佛菩萨非无所见,他们是离于众生的妄见,而见诸法实相。因诸佛应世化身非无肉眼,所以能和我们人道众生一样见到世界的一切,且根据人类的习惯说法教化,随缘救度。又佛具有其他四种眼,所以又不像只有肉眼的凡夫,见近不见远,见妄不见真,而能洞照法界,契证万法的本来。

佛在世间教化众生,当然不会破坏人们在世俗中的习惯,因此人们说这是河,佛也说是河,人们说这是恒河,佛也说是恒河,人们说这是恒河沙，佛也说是恒河沙，这样便能和人们有了沟通的基础。当然在时机成熟时，佛也会引导众生破除世间的知见，进入佛的知见。所以佛是不会和普通的世间人争论恒河沙是不是真的是沙这类问题的，世间普通人所承认的，佛在世俗上也会承认。

佛不但如实知世界的一切，也如实了知众生的内心。如经中所言："尔所国土中，所有众生若干种心，如来悉知。"尔所国土，即前面所说的如恒河沙数的恒河，所有这些恒河中的所有沙数的世界，也即是无量无边的世界，这些世界中所有众生的心，佛能遍知。为什么？因为"如来说诸心皆为非心，是名为心"。众生的一切心念，无实性空，没有实体，所以为非心，只不过是依世间人的习惯叫做心罢了。

佛彻证空性，法身无处不在，而众生心的本质也是空性，所以佛的法身实可入于众生心中，或说众生心本来就在佛的法身之中，众生之心，佛又如何不能得知呢？所以说佛能遍知一切众生之心，并非虚言。

为什么说众生心本质上也是空性的呢？经云："所以者何？须菩提，过去心不可得，现在心不可得，未来心不可得。"

因念念相续，故说为心。但此念念相续之心，非实有体，心若有体必可得，而除了前念后念之外，别无心体可得。若说心就是这些念头，但前际之念已经灭去，后际之念尚未生起，现在之念就在我们说"现在"的同时，又变为"过去"，三心都不可得。

除了这些相续之念外，无心可得，而这些相续之念也不可得，所以我们所谓的"心"，只不过是由这些连续不断的念头造成的一个假相，它也是因缘所生，非有实体，因此说心的本质也是空性。明白了这些道理，就可以使人逐步地从对"自我"的各种执著中解脱出来，当"自我"的观念消失后，便可得到解脱。

心的念念迁流，由过去而现在，由现在而未来，因此便有了三世的差别。过去心即过去世，现在心即现在世，未来心即未来世。因心念虚妄不实，故知三世也是虚幻不实，因为离此过去、现在、未来之心，并无其他三世可得。由此也可知佛法所说的三世因果，确切地说，即是过去、现在、未来的因果关系，今生善恶，并不一定要等到下一生才能受报，因缘具足，今生也会受报，也有前一刻所作善恶，下一刻即受报的可能。所以那种今生行善或作恶，只有下一生才受报，与今生毫无关系的观念，是非常错误的。

"须菩提，于意云何？若有人满三千大千世界七宝，以用布施，是人以是因缘，得福多不？"

"如是，世尊！此人以是因缘①，得福甚多。"

"须菩提，若福德有实，如来不说得福德多，以福德无故，如来说得福德多。

[译文]

"须菩提，你怎样认为呢？如果有人以充满三千大千世界的七宝，用来布施，此人以这种因缘，所得福德是不是很多呢？"

"是的，世尊！此人以这种因缘，得到的福德非常多。"

"须菩提，如果福德是一个实在的东西，如来便不会说得到的福德多，因为福德本空的原因，如来才说得到的福德很多。

[注释]

①因缘："因"与"缘"的并称。"因"是产生结果的内在直接原因；"缘"是资助因的外在间接条件。因此，因缘又有内因外缘、亲因疏缘的说法。一切有为法皆是因缘所生。唯有因，不能生果；唯有缘，亦不能生果。必须因缘和合，方能生果。"因"好比是谷物的种子，"缘"则如帮助种子成长的雨露水土。种子为亲因，藉雨露水土为助缘，如此才能结出果实。一切法皆由因缘而生而灭。

[解说]

因果规律是众生有为法世界中不变的规律，除非证得无为的空性，否则这种规律就会一直起作用。如果布施，就会获得福报，因此经中说如果有人用装满三千大千世界的七宝布施，得福甚多。

虽然得福很多，但这种福也只是有为的福报，不是无漏的功德。所以经中接着说："须菩提，若福德有实，如来不说得福德多，以福德无故，如来说得福德多。"如果福德有一个实在的东西，那么就会有边际。有边际的东西，是不能称为多的，比如和无边的虚空相比，再大的东西也会变得渺小。佛说如此布施会获得非常多的福报，目的是引导众生通过布施，放弃自己对财物、对自我的执著。随着众生心中执著的减轻，慢慢就会明白福德性空的事实。

我们又不能因为福德性空而不做修福之事。虽然福德性空，其作用在有为法中却是存在的。佛从来不说你应该不修福德，佛只是告诉人们福德性空，不要贪恋福德。

如果我们不修福德，前世的福报享尽，下一世想生在善趣也很难，更不用说修行了。另一方面，福德作为证悟空性的资粮也必不可少，没有足够的福资粮，要证入甚深的空性也只是一句空话，这就像我们不能让一个没有力气的人举起千斤重物一般。

圆满的福德资粮，也是成就佛果位圆满报化二身的因缘，佛相好庄严的报化二身，都是由于因地修行万德圆满而成就的。因此，修福德而不著福德相，才是真正的福慧双修。

"须菩提，于意云何？佛可以具足色身①见不？"

"不也，世尊！如来不应以具足色身见。何以故？如来说具足色身，即非具足色身，是名具足色身。"

"须菩提，于意云何？如来可以具足诸相②见不？"

"不也，世尊！如来不应以具足诸相见。何以故？如来说诸相具足，即非具足，是名诸相具足。"

[译文]

"须菩提，你怎样认为呢？佛能够以圆满的色身得见吗？"

"不可以，世尊！如来不能以圆满的色身得见。为什么呢？因为如来说的圆满色身，并非是圆满色身，只是名叫圆满色身而已。"

"须菩提，你怎样认为呢？如来能够以具足的种种相好得见吗？"

"不可以，世尊！如来不能以具足的种种相好得见。为什么呢？

因为如来所说的种种相好具足,并非实有具足可得,只是叫做相好具足而已。"

[注释]

①具足色身:具足一切相好的色身。佛身具有三十二相、八十种好。

②具足诸相:圆满无缺的庄严之相。执著"相"比执著"身"更加细微,所以依次破两种实执。

[解说]

圆满的福资粮,可成就佛的相好报化之身,但报化二身,并不是佛究竟的法身。法身以空性为体,无诸相可得。所以经中佛再次问须菩提尊者:"佛可以具足色身见不?"及"如来可以具足诸相见不?"尊者均答道不可以,为什么呢?因为无论是化身佛的三十二相、八十种好,还是报身佛的无量相好,在胜义上都是无相性空的,法身无一切相。所以经中说:"如来说具足色身,即非具足色身,是名具足色身"以及"如来说诸相具足,即非具足,是名诸相具足"等语。

报化二身,虽不是佛法身,但也不离法身,报化二身是法身为度众生的自然显现,与法身不一不异。佛破这些相,是告诉菩萨不要执著佛的身相,并不是对众生完全否定这些身相。傅大士有颂道:"八十随形好,相分三十二,应物万般形,理中非一异。人法两俱遣,色心齐一弃,所以证菩提,实由诸相离。"

"须菩提,汝勿谓如来作是念:'我当有所说法。'莫作是念。何以故?若人言如来有所说法,即为谤佛,不能解我所说故。须菩提,说法者,无法可说,是名说法。"

[译文]

"须菩提,你不要认为如来有这样的想法:'我应当有所说法。'不要这么想。为什么呢?如果有人说如来有所说法,便是诽谤佛,因为他不能理解我所说的法。须菩提,所谓的说法,其实没有法可以说,只是叫做说法罢了。"

[解说]

众所周知，佛法是由释迦牟尼佛讲出来的，如果不能以身相得见如来，那么佛说的这么多的法又应该如何理解呢？经言："须菩提，汝勿谓如来作是念：'我当有所说法。'"看来，佛连要讲法的想法也没有，更不用说真实讲法了。为什么这么说呢？因为佛证空性，不见一法实有，所以无法可说；又佛不见众生实有，因而也没有讲法的对象；佛没有妄念，所以也不会产生讲法的念头。佛说这一切法，是因为存在有缘的众生要度，这一切都是因缘所生。因此从胜义上说，佛从未说法，这在前文中已有论述。

所以佛接着说："若人言如来有所说法，即为谤佛，不能解我所说故。"如果能够真正理解佛讲的一切法，就会明白佛四十九年未说一字绝非虚言；如果不能正确理解佛说的法，就会执著佛说的法为实有，从而生起法执，就与佛的本意相违。

佛说的一切法，都是由法身中自然流出，源于法身，又归于法身，法身无形无相，但有缘的众生却可以因此而受益。所以经云："说法者，无法可说，是名说法。"

尔时，慧命①须菩提白佛言："世尊！颇有众生，于未来世，闻说是法生信心不？"

佛言："须菩提，彼非众生非不众生。何以故？须菩提，众生众生者，如来说非众生，是名众生。"

[译文]

这时，慧命须菩提对佛说道："世尊！会有众生，在未来世，末法之时，听闻此法生信心吗？"

佛说："须菩提，他们既非众生，又非不是众生。为什么呢？须菩提，所谓的众生，如来说并非是众生，只是名叫众生罢了。"

[注释]

①慧命：(1) 又作具寿，是对有德望的比丘的尊称。(2) 指法身以智慧为生命。色身依赖饮食长养，而法身依赖智慧以长养。

[解说]

在此时，须菩提尊者又起疑虑，所以再次问佛，对于佛说的这么精深的法，后世的众生能不能信受呢？佛回答说："彼非众生非不众生。"

前文中，须菩提尊者问了同样的问题，佛在前面回答说："如来灭后，后五百岁，有持戒修福者，于此章句，能生信心，以此为实。"就是说后世会有持戒修福、具有善根的众生能够信受，当时给予了肯定的回答。而在这里，佛却说"彼非众生非不众生"，这说明了什么问题？

在前面给予肯定的回答，第一是要给大家以信心。因为后世读到此经的人，见佛当时已授记说后世有人能够信受此经，因而会对自己和经典生起欢喜心，从而更容易接受经中所讲的道理。

第二是因为刚开始讲《金刚经》，不能一下子将众生心中的执著一下子破完，否则众生接受不了，所以佛在很多地方都随顺了世俗的常理来回答问题。然而经讲到这里，是应该破除一切执著的时候了，尊者既然这样发问，说明心中尚有一丝的挂碍，所以佛并不直接回答尊者的问题，而是直接破相，以"彼非众生非不众生"作答，彻底消除尊者心中的挂碍。

因为胜义谛中无众生，而世俗谛中有众生的假相，所以佛说："众生众生者，如来说非众生，是名众生。"这不但是在破除须菩提尊者心中的挂碍，也是在破除众生心中同样的挂碍。

须菩提白佛言："世尊！佛得阿耨多罗三藐三菩提，为无所得耶？"

佛言："如是，如是。须菩提，我于阿耨多罗三藐三菩提，乃至无有少法①可得，是名阿耨多罗三藐三菩提。复次，须菩提，是法平等，无有高下，是名阿耨多罗三藐三菩提。以无我、无人、无众生、无寿者。②修一切善法③，则得阿耨多罗三藐三菩提。须菩提，所言善法者，如来说即非善法，是名善法。

[译文]

须菩提对佛说道："世尊，佛证得的阿耨多罗三藐三菩提，是不是并无所得呢?"

"是的,是的。须菩提,我于阿耨多罗三藐三菩提,没有一点点法可得,所以名叫阿耨多罗三藐三菩提。再者,须菩提,此法平等,不存在高下,所以名叫阿耨多罗三藐三菩提。因为一切法无我、无人、无众生、无寿者。修行一切善法,就会得到阿耨多罗三藐三菩提。须菩提,所谓的善法,如来说非善法,只是名叫善法。

[注释]

①少法:即微少的一点点法。

②此句和下句断在一起也可理解,即"以无我、无人、无众生、无寿者。修一切善法,则得阿耨多罗三藐三菩提。"本文这样断句参考了其他的译本。这并不影响对经文的理解,只是理解的角度会有所不同。

③善法:能召感乐报、获得解脱的法,与不善法、恶法相对。根据修行者的程度的不同,善法的标准也有不同。例如最初修行,以"断恶"为善;进而以"断恶修善"为善;对菩萨而言"见善不作"即是不善。

[解说]

到此,须菩提尊者心中的疑问全部清除,因而问佛道:"世尊!佛得阿耨多罗三藐三菩提,为无所得耶?"我们注意到,本经的前后两大部分,佛和须菩提尊者的问答有很多相似之处,但是其表达的意义,却并不完全相同。因为众生心中的妄念有粗有细,对空性理解的程度也有深浅广狭的不同,所以经文通过反复的问答,从外到内,从粗到细,由浅而深地使众生心中的执著得以清净。切不可忽略这些差别。

我们再回过头来看前文中与此类似的那段经文,佛说:"须菩提,于意云何?如来得阿耨多罗三藐三菩提耶?如来有所说法耶?"须菩提言:"如我解佛所说义:无有定法名阿耨多罗三藐三菩提,亦无有定法如来可说。"

如果细细体味,"无有定法"和"无有法"的意思是不相同的。"无有定法"说明尚存一丝法想,只是法无定法;而"无有法"则是了无法想。这也是对佛所得的无上正等正觉之法,从尚有一丝法执,到彻底明了确无一法可得的过程。

佛对尊者的理解予以了肯定，说道："如是，如是。须菩提，我于阿耨多罗三藐三菩提，乃至无有少法可得，是名阿耨多罗三藐三菩提。"无有少法可得，也即是说没有一法可得。

志公和尚（南朝人）有偈云："但有丝毫即是尘，举意便遭魔所扰。"《华严经》云："若有欲知佛境界，当净其意如虚空，远离妄想及诸取，令心所向皆无碍。"所以心中若有一法不空，此法即为尘劳，即为系缚，不能成正等正觉。

又经言："须菩提，是法平等，无有高下，是名阿耨多罗三藐三菩提。"这句话可从多个角度理解：其一是说因无上菩提一无所得，所以其中既无一法可取，也无一法可舍。一切法无我、无人、无众生、无寿者，都是如幻的空性，是空性故平等，是空性故无高下。

其二是说诸佛所证，无有差别，佛佛平等，故说无上菩提平等一如，无有高下。

其三是说众生本性，与佛无异，在圣不增，在凡不减，实相中佛与众生平等一如，无有高下。

总之一切法都是清净平等之相。古德有云："若观佛作清净光明之相，观众生作垢浊暗昧之相，作此解者，历恒沙劫终不能得阿耨菩提。"所以，无论经说无相、无所得、平等、空性等众多名词，都是为了引导人们觉悟究竟实相。若不悟，则离无上菩提甚远，若悟，则无上菩提只是假名。所以应该透过语言去觉悟其背后的真义。

这里又引出了一个很重要、也是很常见的问题：既然说一切法空，一切法无我、无人、无众生、无寿者，那么还要不要修行？这要分清层次和角度来说明。

如果站在佛的果位来看，确实万法性空，本无众生，也无修行，众生本来是佛。

但如果站在众生的角度看，则佛是佛，众生是众生，虽然众生本性是佛，但自己尚未证得；虽然一切法空，但自己仍被法缚，所以必须要靠修行才能解脱。

如果站在菩萨的角度看，在已经了知一切法无我，但尚未圆满成佛之前，则是虽修行而无修行之相；虽知众生空而不舍度众生；虽知法空然而不舍善法。

如果站在众生的角度看菩萨，菩萨仍在修行。但在菩萨自身来看，则是修如幻的万行，修而无修。因为菩萨的无明尚未断尽，佛的一切功德也尚未圆满，所以仍要修一切善法，以圆满自己的福慧。

因此切不可因为佛说一切法空，就放弃修行，甚至胡作非为，这是自取恶果。所以经中说道："修一切善法，则得阿耨多罗三藐三菩提。"

还要注意佛是说"修一切善法"，而不是说"修某些善法"，因为舍此取彼或舍彼取此都是执著，有执著就是束缚。古德有云："实际理地，虽不受一毫，而事相门中，不舍于一法。"这即是无取无舍之义。

当然，佛虽说应修一切善法，却不可执于善法，应该知道一切法无我的般若之理，因此佛在说完应修一切善法之后，当即便破，即经中所说："须菩提，所言善法者，如来说即非善法，是名善法。"

"须菩提，若三千大千世界中，所有诸须弥山王，如是等七宝聚，有人持用布施。若人以此般若波罗蜜经，乃至四句偈等，受持读诵，为他人说，于前福德百分不及一，百千万亿分，乃至算数譬喻所不能及。

[译文]

"须菩提，如果有三千大千世界中所有须弥山堆聚在一起那样多的七宝，有人拿来布施。另外有人对此《般若波罗蜜经》，哪怕只是其中的四句偈语，受持读诵，为他人讲说，则前面布施功德和这相比，不足百分之一，百千万亿分之一，直到用算数譬喻都不能比拟的程度。

[解说]

佛在此又一次地讲《金刚经》的功德。也许有人会有疑问，前面经中刚刚还说一切法平等，无有高下，现在却又说受持《金刚经》的功德比用三千世界珍宝布施功德大得多,这不是前后矛盾吗?并非如此。前面说一切法平等,是就胜义谛而说,在证空性的圣者面前,确实一切法都无高低贵贱之分。现在说受持《金刚经》的功德,是就世俗谛而说,因为众生还未成佛,心中对一切法还有分别,赞叹《金刚经》的功德可以使众生更加信受此经,最终则会因《金刚经》而达到一切法平等的境界。

"须菩提,于意云何?汝等勿谓如来作是念:'我当度众生。'须菩提,莫作是念。何以故?实无有众生如来度者。若有众生如来度者,如来则有我、人、众生、寿者①。须菩提,如来说有我者,则非有我,而凡夫②之人以为有我。须菩提,凡夫者,如来说则非凡夫。

[译文]

"须菩提,在你心中怎样认为呢?不要认为如来有这样的想法:'我应当度众生。'须菩提,不要有这样的想法。为什么呢?因为实在是没有如来可度的众生。如果有如来可度的众生,如来就有我、人、众生、寿者。须菩提,如来说有我,即非有我,然而凡夫之人认为有我。须菩提,所谓的凡夫,如来说并非凡夫。

[注释]

①我、人、众生、寿者:通指我相、人相、众生相、寿者相以及我见、人见、众生见、寿者见。

②凡夫:音译必栗托仡那,意译异生、凡夫,略称凡。指未见四谛之理的凡庸浅识者。

[解说]

若一切法平等,则众生与佛也平等,那么为什么说佛度众生呢?说佛度众生,是在世俗谛针对众生的说法。在佛的境界中,佛不度众生,因为佛的世界中不见众生,如经云:"汝等勿谓如来作是念:'我当度众生。'须菩提,莫作是念。何以故?实无有众生如来度者。"

在佛的境界中,众生都是佛,众生世界即是佛世界,所以本来就没有众生可度。如果佛的境界中还有众生的话，那么就会如经中所说："若有众生如来度者，如来即有我、人、众生、寿者。"为什么呢？因为心中有众生就有所取著，有所取著便不离"我相"，有"我相"则四相俱有，有四相则不能解脱。换句话说，也就是在佛的境界中，众生已被度尽，佛已圆满地实践了自己初发菩提心时所发的"誓度一切众生"之愿。

　　佛说若有众生如来度者，如来即有我等四相，但经中接着说道："须菩提，如来说有我者，即非有我，而凡夫之人以为有我。"因为众生无始以来的习气，佛恐众生听佛说"有我"，便执"有我"，而不知其实"我"从来就没有存在过。"有我"只是凡夫的妄执，就如同在梦中执梦为实有一样。更进一步，"凡夫"也不是实有，也只是佛为了引导众生的方便说法，第一义中，佛和凡夫都性空无实。因此佛说："凡夫者，如来说则非凡夫。"

　　这就是《金刚经》独特的论证方式，即所谓的随举随扫。先说凡夫，是举，后说非凡夫，是扫，再说是名凡夫，是说原因。因为众生心中本来就存在着各种执著，有些自己知道，有些自己则不知道。如果不举，那么众生就不会知道自己心中还有这样的执著；如果举而不扫，那么执著仍然是执著；先举后扫，即是先令众生明见自心之执，然后再去除，这才是连根拔除。不举就不能明其理，就如渡河不能不用船；不扫则不能断其执，就如到岸而不弃船登岸。这一举一扫，正表现了佛法的智慧。

　　"须菩提，于意云何？可以三十二相观①如来不？"

　　须菩提言："如是，如是。以三十二相观如来。"

　　佛言："须菩提，若以三十二相观如来者，转轮圣王②则是如来。"

　　须菩提白佛言："世尊！如我解佛所说义：不应以三十二相观如来。"

　　尔时世尊而说偈言：

　　"若以色见我，以音声求我，

　　是人行邪道③，不能见如来。

[译文]

"须菩提,在你看来怎么样呢?能用三十二相观如来吗?"

须菩提说:"是的,是的,能用三十二相观如来。"

佛说:"须菩提,如果用三十二相观如来的话,转轮圣王就是如来了。"

须菩提对佛说:"世尊!照我理解佛所说的义理,不应该用三十二相观如来。"

这时,世尊说了一首偈语:

"若以色见我,以音声求我,

是人行邪道,不能见如来。

[注释]

①观:音译毗婆舍那,观察、观待、观想、观照之意。

②转轮圣王:又作转轮王,指成就七宝(轮宝、象宝、马宝、珠宝、女宝、主藏臣宝、主兵臣宝),具足四德(长寿不夭、身强无患、颜貌端正、宝藏盈满),统一须弥四洲,以正法治世的大帝王。在其治理下,国土丰饶,人民和乐。

一般而言,轮王有四种,依所具轮宝的不同,由劣而胜,依次分为:(1)铁轮王:掌管须弥东西南北四洲中的南洲。(2)铜轮王:掌管东、南二洲。(3)银轮王:掌管东、南、西三洲。(4)金轮王:掌管须弥四洲。关于轮王的出世年代,《大毗婆沙论》卷一三五载,唯有在增劫之世,人寿八万岁以上时,才有转轮王出世;《俱舍论光记》依《俱舍论》之说,谓四轮王皆在人寿八万岁以上之时,才出现于世;然《法华玄赞》卷四则称,人寿八万岁以上出现的是金轮王,其余三轮王出现的时间并不确定,例如无忧王即系在佛灭百年后出现的铁轮王。

③邪道:令心趋于偏执之道,又引申为心的各种偏执状态。就见地而言,落于边见、恶见;就感受而言,身心受到违损,随生各种苦。

[解说]

既然佛境界中,无一法可得,无众生可度,那么众生想要修行成佛,首先也必须要有这样的知见才行。如果心中已无任何相，那么也就不会再以相来观如来。所以佛再次问须菩提尊者，是否可以三十二相观如来呢？因为众生执著色相太深，所以佛仍是以三十二相好的庄严之相来问尊者。

尊者起初未解佛意，答道"如是，如是"。须菩提尊者怎么会在这里犯了这个错误呢？在前面的经文中尊者已经多次说过"不可以身相得见如来"、"不可以三十二相得见如来"、"如来不应以具足色身见"等语，此处却为何又说"以三十二相观如来"呢？

注意前后经文，用词是不同的。前面都是说"见如来"，因为一切相都非实有，均是妄相，如来非以妄相得见，所以前文尊者均说"不可以"。而此处是说"观如来"，观可以理解为观想，如观想佛的三十二相、八十种好，本身就是佛教导人们的一种修法，如在《观无量寿经》中就详细描述了观想极乐世界及阿弥陀佛的具体方法。

尊者也许是误解了佛的意思，或者是为了告诫后世的众生，不要犯这样的错误，所以才回答佛说"可以三十二相观如来"。后因佛说"若以三十二相观如来者，转轮圣王即是如来"。尊者才明白了佛的本意，明白了"不应以三十二相观如来"的道理。

转轮圣王因为其福报很大，如同佛一样具有三十二种大人之相，如果以三十二相观如来的话，如来和转轮王也就没有区别了。

佛虽然教导了人们观想佛三十二相的修行方法，但并不是以此为目的。这样做一者可令众生摄持妄想之心，二者也是为了令众生知道此相非真，因为观想出来的相，本身就是心的造作，非是如来本体。如果众生在摄心后能明白观想之相非真，从而悟入一切相均为假有的空性，才是佛教导众生这种观想方法的目的。所以佛说偈道：

  若以色见我，以音声求我，

  是人行邪道，不能见如来。

说如来即是指法身，法身非色非声，非形非相，不可以心思，不可以识识，一句话，法身是离于一切分别心的境界。如果以见色闻声的分别心求佛，就如同缘木求鱼，永不能得。所以佛说"是人行邪道，不能见如来"。

邪道即是以分别心妄求之道。《华严经》中也说："色身非是佛，音声亦复然。"又说："假使百千劫，常见于如来，不依真实义，而观救世者，是人取诸相，增长痴惑网，系缚生死狱，盲冥不见佛。"就是说即便有人在百千劫中，都能够遇佛出世，但是如果此人不依佛说的真实义观佛（救世者即指佛），那么这人就会由于心取诸相，增长自心痴惑之网。由此系缚于生死的牢狱之中，如同盲人顽冥之辈，不能见到真正的佛陀。

类似这样的教导，在佛经中比比可见，因此切不可以相求佛，而应以智慧见佛。

"须菩提，汝若作是念：'如来不以具足相故，得阿耨多罗三藐三菩提。'须菩提，莫作是念：'如来不以具足相故，得阿耨多罗三藐三菩提。'须菩提，汝若作是念，发阿耨多罗三藐三菩提心者，说诸法断灭①。莫作是念。何以故？发阿耨多罗三藐三菩提心者，于法不说断灭相。

[译文]

"须菩提，你如果有这样的想法：'如来不因为具足一切诸相，而证得阿耨多罗三藐三菩提。'须菩提，不要这样想：'如来不因为具足一切诸相，而证得阿耨多罗三藐三菩提。'须菩提，你如果有这样的想法，发阿耨多罗三藐三菩提心的人，就是在说一切法断灭。不要这样想，为什么呢？因为发阿耨多罗三藐三菩提心的人，不说一切法是断灭相。

[注释]

①断灭：偏执世间的一切及众生最终都归于空无的邪见。此与佛法所说之"空性"有本质不同。佛法所说"空性"，是指一切法皆依"因缘"而生，并无恒常不变的自性，即"缘起性空"。同时也正因为"性空"，才能成立"缘起"的作用，即"性空缘起"，业力因果等由此而建立。"缘起"和"性空"二者为一体的两面，如手掌手背，不可分离。而"断灭"论则认为一切终归空无，无善无恶，无善恶之报，无因无果，世间及我仅限一生，死后则归

于完全毁灭。持此观点的人称为断见外道，属外道十六宗之一。

[解说]

佛说一切相皆为非相，不应贪执，这是就胜义谛而言的。前文也已说过，不能因为佛说空就执著空，如果落于空和有任何一边，都不能解脱。

前文说空，是为了破除人们对有的执著，但为了使人不落入对空的执著中，此处又说道："莫作是念"，诸佛"不以具足相故，得阿耨多罗三藐三菩提"。因为如果这样认为，便落入了断见之中。

先有后无称为断。因为一切法本来就是空性，从来也没有真实存在过，既无真实存在，也就没有真实的消失。因此说一切法非常非断，非有亦非空。执于任何一边，都是边见，都不究竟。永嘉大师在《证道歌》中说："弃有著空病亦然，还如避溺而投火。"就是说虽然放弃了有，但执著于空，就如同怕被水淹却投入火中一样。

一切法在本性上都离于一切戏论，如《中论》所说："不生亦不灭，不常亦不断，不一亦不异，不来亦不出。"执于任何一边都是错误。因此经中佛在破了各种对有的执著后说道："发阿耨多罗三藐三菩提心者，于法不说断灭相。"紧接着就破除对空的执著。

没有任何执著，才能证得空性。当然，我们说的"空性"，也只是真实空性的一种模型，并不是真正的空性本身。真正的空性离于人的一切思维，只有实证才能得知，故而佛说："诸佛说空法，为治于有故，若复著于空，诸佛所不化。"

"须菩提，若菩萨以满恒河沙等世界七宝，持用布施，若复有人，知一切法无我①，得成于忍②，此菩萨胜前菩萨所得功德。何以故？须菩提，以诸菩萨不受福德故。"

须菩提白佛言："世尊！云何菩萨不受福德？"

"须菩提，菩萨所作福德，不应贪著③，是故说不受福德。

[译文]

"须菩提，如果有菩萨用充满恒河沙数一样多的世界七宝布施，而另外有人，了知一切法无我，并且能安住于心中，这个菩萨的功德胜过前面菩萨所得的功德。为什么呢？须菩提，这是因为菩萨不受福德的缘故。"

须菩提对佛说道："世尊！如何是菩萨不受福德呢？"

"须菩提，菩萨对所作的福德，不应该贪著，因此说菩萨不受福德。

[注释]

①一切法无我：一切法因缘所生，没有不变的自性。

②忍：安忍。这里指对一切法无我的义理，安住于心中，不为一切外缘所动。

③贪著：贪恋执著。

[解说]

既然法非断灭相，那么我们所作的一切善法，也不会丧失功德及果报。菩萨在因位上所修的一切善法，成就了佛果位的功德庄严和智慧庄严。获得无生法忍的菩萨，虽然不见一法有生，然而他所获功德并不因此而失坏。因此经说："若复有人，知一切法无我，得成于忍，此菩萨胜前菩萨所得功德。"

见一切法无我，本身就获无量功德，胜过用恒河沙世界七宝布施。虽然如此，但菩萨不应贪执这些福德，经云："以诸菩萨不受福德故。"心若有贪，便与无生空性相违背。"不受福德"并不是没有福德，而是如经中所说："菩萨所作福德，不应贪著，是故说不受福德。"

"不应贪著"是菩萨对自己所作福德的态度，不是因为没有而不受，而是因为不贪而不受。因为菩萨知道第一义中，没有福德之相，所以菩萨并不贪恋世间的福德果报，反而为了利益一切众生，尽己所有用来布施，以圆满自己度众生的大愿。

"须菩提，若有人言：'如来若来若去，若坐若卧。'是人不解我所说义。何以故？如来者，无所从来，亦无所去，故名如来。

[译文]

"须菩提,如果有人说:'如来或来或去,或坐或卧。'那么这个人不理解我所说的经义。为什么呢?所谓如来,既无所从来,也无所从去,所以名为如来。

[解说]

因为第一义中福德性空,所以第一义中诸佛不受福德,不可说诸佛受人天供养,若来若去等。众生所见诸佛最初降生人间,中间修行成道,讲经说法,最后入于涅槃,似有来去,便认为诸佛实有来去,若住若灭等。对此佛却说:"是人不解我所说义。"为什么呢?因为如果这样说,佛即有生有灭,有生灭就不是佛。

在世间现来去相者,是佛为了度化众生而现的化身,并非究竟的法身。由于众生不能得见法身佛,佛才以化身形式来到世间,以众生的语言为众生说法,最后化身入于法身,则谓之涅槃。

不论有多少化身,佛的法身从本以来都是湛然无动,何有来去可得?所以经中说:"如来者,无所从来,亦无所从去,故名如来。"无所从来是法身无生,无所从去是法身无灭,无生无灭是如来义。

又佛涅槃无有真实处所可到,所以不可言去,佛现世间也无真实处所如来所出,所以不可言来,不来不去是如来义。

见佛有来去相者,是众生世俗之见,非佛实有来去。虽然法身无来无去,但是因佛大悲和神通之力,仍于世间化身千千万万,尽未来际,度脱众生。如《华严经》说:"上觉(即佛)无来处,去亦无所从,清净妙色身,神力故显现。"所以不能以世俗的眼光来看待佛的方便。不但如来不生不灭、不来不去,一切法也都是如此,读《中论》就会明白。

"须菩提,若善男子、善女人,以三千大千世界碎为微尘,于意云何?是微尘众①宁为多不?"

"甚多,世尊!何以故?若是微尘众实有者,佛则不说是微尘众。所以者何？佛说微尘众，则非微尘众，是名微尘众。世尊！如来所说三千大千世界，则非世界，是名世界。何以故？若世界实有者，则是一合相②。如来说一合相，则非一合相，是名一合相。"

"须菩提，一合相者，则是不可说，但凡夫之人贪著其事。

[译文]

"须菩提，如果有善男子、善女人，将三千大千世界粉碎为微尘，你认为怎样呢？这些微尘众多不多呢？"

"非常多，世尊！为什么呢？如果这些微尘众是实有的话，佛就不会说这是微尘众了。为什么这样说呢？因为佛说的微尘众，并不是微尘众，只是名为微尘众。世尊！如来所说的三千大千世界，并非是世界，只是名叫世界。为什么呢？因为如果世界是实有的话，便会是一合相。如来所说的一合相，其实并非是一合相，只是名叫一合相。"

"须菩提，一合相，其实就是不可说，但是一般凡夫却贪著有这么回事。

[注释]

①微尘众：众多微尘的聚集。如前所说，微尘为色聚（物质）中最小的颗粒，非肉眼所能见，只有天眼、转轮王眼和住后有菩萨眼三种眼才能见到。在适当的因缘下，这众多微尘聚集在一起，便形成了人们眼中的桌子、杯子、石头等东西，整个三千大千世界，也是由众多的微尘而成。这些大大小小众多微尘的聚集，称为"微尘众"。

②一合相：《华严经大疏演义钞》说道："一合相者，众缘和合故。揽众微以成于色，合五阴等，以成于人，名一合相。"一合相即是很多要素因缘和合而成一体之相。

[解说]

上面说一切法不生不灭、不来不去，下面佛以世界和微尘为例，说明一切法非一非异。

如经中说:"若善男子、善女人,以三千大千世界碎为微尘。"前文已经说过,微尘并不仅仅是一个概念,如诸罗汉、菩萨等具有慧眼、法眼的,能够真实见到微尘,他们也确实可以如经中所说,将"三千大千世界碎为微尘"。当然这并不是说我们这个世界会因此而不存在了,只是对于不同的心识,我们这个世界确实会有不同形式的显现。人类所见的这个世界,在那些圣者面前,确实可以显现为微尘众的样子。

世界与这些微尘众,不可言一,也不可言异。若世界和微尘众是一,则世界不能成为微尘众。因为二者是一,是一就不能说一个成为另一个。

二者也不可能是异,因为若是异,微尘众则不能组合成为世界。就如同再多的苹果也不可能成为梨、再多的沙子也不能榨出油来一样。因此世界与微尘二者均无自性,是故经说:"若是微尘众实有者,佛则不说是微尘众。"又说:"佛说微尘众,则非微尘众,是名微尘众。"以及"如来所说三千大千世界,则非世界,是名世界。"

为什么说世界和微尘都空无自性呢?经中接着解释道:"若世界实有者,即是一合相。"微尘积聚成为世界,如同好多东西积聚成为另一东西,这些积聚就称为一合相。

一合相并非真能生成另一个"新东西",因为这个所谓的"新东西"其实只是一个假想的概念,有名无实。所以经说:"如来说一合相,即非一合相,是名一合相。"就如同沙子积聚得多了,我们称之为"沙堆",而"沙堆"只不过是一个概念,实质上还是那些沙子。如果不把这些沙子积聚起来,而是平铺在地上,虽然还是同样的沙子,却不把它称为"沙堆"了。再如果把这些沙子平铺在海边,则又称之为"沙滩"了。

如果真有什么"一合相",它也是"不可说"的。就如同把很多东西混在一起,如把苹果、梨、桃等放在一起,称这是什么东西呢?也许有人会说,这是"水果",但水果只是人们心识制造出的概念。因为没有什么东西称呼这一堆东西了,才造出"水果"这个概念。然后又执著真正有"水果"这样一个东西,这就是凡夫心的运作过程。所以经中佛又说道:"须菩提,一合相者,即是不可说,但凡夫之人贪著其事。"正是因为有了凡夫的贪著，才有了种种的概念。反过来，这种种的概念又成为众生的缠缚。如果能够明了这一切都有名无实，便能逐渐解脱各种系缚，最终获得解脱。

"须菩提，若人言佛说我见、人见、众生见、寿者见，须菩提，于意云何？是人解我所说义不？"

"不也，世尊！是人不解如来所说义。何以故？世尊说我见、人见、众生见、寿者见，即非我见、人见、众生见、寿者见，是名我见、人见、众生见、寿者见。"

"须菩提，发阿耨多罗三藐三菩提心者，于一切法，应如是知，如是见，如是信解，不生法相。①须菩提，所言法相者，如来说即非法相，是名法相。"

[译文]

"须菩提，如果有人说佛在说我见、人见、众生见、寿者见，须菩提，在你看来怎么样呢？这个人理解我所说的义理吗？"

"不，世尊！这个人没有理解如来所说的义理。为什么呢？因为世尊所说的我见、人见、众生见、寿者见，并非是我见、人见、众生见、寿者见，只是名叫我见、人见、众生见、寿者见。"

"须菩提，发起阿耨多罗三藐三菩提心的人，对于一切法，都应这样了知，这样明见，这样信解，不生起法相。须菩提，所说法相，如来说并非是法相，只是名为法相。"

[注释]

①知、见、信解：无著菩萨认为，"知"偏重于内证，"见"偏重于外照，"信解"则是知见的总名。

[解说]

如果我们不能去除心中的种种虚妄分别，那么诸佛纵说经千卷，也不能度脱自己。如果不能深入了悟经的真实本义，则读经也仅仅是种下一点善根而已，要想解脱还差得很多。

这一卷《金刚经》，自始至终，都在破一切法相，揭示空性的道理。虽然佛在经中说我说人，说世界说微尘，说圣者说凡夫，但实则随说随破，虽说众法而离一切实执。

为使大家更加明白这一点，经中佛再次问须菩提尊者："若人言佛说我见、人见、众生见、寿者见，须菩提，于意云何？是人解我所说义不？"佛唯恐世人随文取义，因经中说四相、四见等，便以为我见等是佛所说，都是实有，而不知此为方便说法，故有此问。

尊者解空第一，当然知道四见并非实有，故答佛道：如果有人这么说，这个人不理解佛说的话。为什么呢？因为佛说我见、人见等，是为了令众生明白自己病在何处。众生病在妄执，执假为真，因为无明，外见我、人等相，内起我、人等见。若能明了我见等本来也是虚妄，则众生之病便可连根治愈。如果佛不说出众生的病根，众生不明病之所由，又怎能治好呢？所以佛说有我见、人见等，并不是第一义中有我、人等见，这只是世俗中的假相。

上面说我见等四见，是为了令众生离于一切人我之见。接下来佛说："须菩提，发阿耨多罗三藐三菩提心者，于一切法，应如是知，如是见，如是信解，不生法相。"则是为了令众生离于一切法我之见，这是因为一切法本来就无我、无人、无众生、无寿者。

同样，佛又恐人因听到应该"不生法相"，又执"法相"实有，随即又破法相道："所言法相者，如来说即非法相，是名法相。"告诉众生所谓的"法相"也只是假名无实的引导而已，并非胜义中有。

"法相"尚且非真，当然更无"非法相"，所以切不可避溺投火，不执"法相"又执"非法相"。远离一切"相"和一切"见"，才是真见。若有所见，即非真见。空性甚深，远离一切名言，若有言说，都是方便，切不可执以为实。

"须菩提，若有人以满无量阿僧祇世界七宝，持用布施。若有善男子、善女人，发菩萨心者，持于此经，乃至四句偈等，受持读诵，为人演说，其福胜彼。云何为人演说？不取于相，如如不动①。何以故？

"一切有为法②，如梦幻泡影，

如露亦如电，应作如是观。"③

[译文]

"须菩提，如果有人用充满无量无边阿僧祇世界的七宝，用来布施，再如果有善男子、善女人，发起菩萨心，对此《金刚经》，哪怕只是对其中的四句偈语，受持读诵，为别人演说，他所获的福德胜过前面那人的福德。如何为人演说呢？应不取一切相，如如而不动。为什么呢？

"一切有为法，如梦幻泡影，

如露亦如电，应作如是观。"

[注释]

①如如不动：比喻如同真如一样，寂静无为，湛然不动。

②有为法：指在因果之中，因缘和合而有的一切法。

③此四句偈，用梦、幻、泡、影、露、电为喻，阐明一切有为法空性的本质，称为"六喻般若"。

[解说]

为了令众生毕竟信于此法，在经最后佛再次说这部经的功德。用无量阿僧祇世界七宝布施所获福德，不如持此经一四句偈，为人演说。为人演说，是法布施，法布施的福德，大于财布施的福德，因为法布施就如一灯点亮千灯，千灯再点亮百千万灯，永远无尽，而财布施之福，总有报尽的时候。

既然法布施的福报如此之大，那如何为人演说这部《金刚经》呢？经云："不取于相，如如不动。"不取于相，是因为诸法本来无相，如如不动，是因为诸法本无生灭，本无来去。众生有八万四千种心，佛则说八万四千种法，应病予药，病愈药除。所以说风动幡动，总归心动；是法非法，俱为戏论。何者？

  一切有为法，如梦幻泡影，

  如露亦如电，应作如是观。

一切有为法者，即是众生世界内的一切迁流造作，因缘所摄之法。此一切有为之法，佛以六喻，明其性空。

一、如梦。如同梦境无实，而人在梦中却以为梦为实有，或喜或忧，或苦或乐。待其梦醒，方知梦中一切，本来无有，才知自己在梦中如何颠倒。有为之法也是如此，本来无实，而众生因无明执为实有，造作业因，流转六趣，不能解脱。

二、如幻。譬如幻师以幻术，将草木土石等化作人马等形，此幻人幻马，并非有体，而不知者却以为这些幻人幻马为实有。一切有为法也是如此，本来无体，但从妄缘而有，无明众生却以为实有。

三、如泡。譬如水泡，外相虽有，其内无实，不能久住。有为之法也是如此，似有体相，内则无实，终归坏灭。

四、如影。如镜中影像，虽现而本空，虽空却显现。一切有为法也是如此，现于无明众生心镜之前，现而性空，性空而现，显现本身即空，非不空而强令其空。

五、如露。譬如朝露，日出即灭。一切有为法也是如此，不能久住，缘聚则有，缘散则灭。

六、如电。如空中闪电，刹那即过。有为之法也是如此，即生即灭，刹那不住。

此六喻显示有为法但以因缘假有，非有真实可得。有为法在因缘法中，也即是众生世界。诸佛所证无上菩提，不是有为法，而是无为法，此无为法中不见一法实有，这就是本经中佛所说的一切法空性之理。

佛说是经已，长老须菩提及诸比丘、比丘尼[①]**、优婆塞、优婆夷，**[②]**一切世间天、人、阿修罗，闻佛所说，皆大欢喜，信受奉行。**

[译文]

佛说完这部《金刚经》，须菩提长老和在座比丘、比丘尼、优婆塞、优婆夷等四众弟子，以及一切世间的天人、人、阿修罗等，听佛讲完这部经，都非常欢喜，并且信受奉行。

[注释]

①比丘尼：梵文音译，在佛法中出家并受过具足戒的女性称为比丘尼。

②优婆塞、优婆夷：梵文音译，指皈依佛、法、僧三宝，在家修学佛法的人。男性称为优婆塞，女性称为优婆夷。

[解说]

到此《金刚经》的正文已经说完了，最后是经的流通分，长老须菩提及在座听法的大众，包括男女出家众和在家众，以及天龙八部等，听佛讲完《金刚经》，都很欢喜，并且依经而行。

附录　金刚般若波罗蜜经

姚秦三藏法师鸠摩罗什　译

如是我闻。一时，佛在舍卫国祇树给孤独园，与大比丘众千二百五十人俱。尔时世尊食时，着衣持钵，入舍卫大城乞食。于其城中，次第乞已，还至本处。饭食讫，收衣钵，洗足已，敷座而坐。

时，长老须菩提在大众中，即从座起，偏袒右肩，右膝着地，合掌恭敬而白佛言：

"希有世尊，如来善护念诸菩萨，善付嘱诸菩萨。世尊，善男子、善女人发阿耨多罗三藐三菩提心，云何应住，云何降伏其心？"

佛言："善哉！善哉！须菩提，如汝所说，如来善护念诸菩萨，善付嘱诸菩萨。汝今谛听，当为汝说。善男子、善女人发阿耨多罗三藐三菩提心，应如是住，如是降伏其心。"

"唯然！世尊，愿乐欲闻。"

佛告须菩提："诸菩萨摩诃萨，应如是降伏其心：所有一切众生之类，若卵生、若胎生、若湿生、若化生、若有色、若无色、若有想、若无想、若非有想非无想，我皆令入无余涅槃而灭度之。如是灭度无量无数无边众生，实无众生得灭度者。何以故？须菩提，若菩萨有我相、人相、众生相、寿者相，即非菩萨。

"复次，须菩提，菩萨于法，应无所住行于布施，所谓不住色布施，不住声、香、味、触、法布施。须菩提，菩萨应如是布施，不住于相。何以故？若菩萨不住相布施，其福德不可思量。须菩提，于意云何，东方虚空可思量不？"

"不也，世尊！"

"须菩提，南西北方、四维上下虚空，可思量不？"

"不也，世尊！"

"须菩提，菩萨无住相布施，福德亦复如是不可思量。须菩提，菩萨但应如所教住。

"须菩提，于意云何，可以身相见如来不？"

"不也，世尊！不可以身相得见如来。何以故？如来所说身相，即非身相。"

佛告须菩提："凡所有相，皆是虚妄。若见诸相非相，则见如来。"

须菩提白佛言："世尊！颇有众生，得闻如是言说章句，生实信不？"

佛告须菩提："莫作是说。如来灭后，后五百岁，有持戒修福者，于此章句，能生信心，以此为实，当知是人，不于一佛二佛三四五佛而种善根，已于无量千万佛所种诸善根。闻是章句，乃至一念生净信者，须菩提，如来悉知悉见。是诸众生，得如是无量福德。

"何以故？是诸众生，无复我相、人相、众生相、寿者相，无法相亦无非法相。何以故？是诸众生，若心取相，则为著我、人、众生、寿者；若取法相，即著我、人、众生、寿者。何以故？若取非法相，即著我、人、众生、寿者。是故不应取法，不应取非法。以是义故，如来常说：汝等比丘，知我说法，如筏喻者，法尚应舍，何况非法。

"须菩提，于意云何？如来得阿耨多罗三藐三菩提耶？如来有所说法耶？"

须菩提言："如我解佛所说义：无有定法名阿耨多罗三藐三菩提，亦无有定法如来可说。何以故？如来所说法，皆不可取，不可说，非法，非非法。所以者何？一切贤圣皆以无为法而有差别。"

"须菩提，于意云何？若人满三千大千世界七宝，以用布施，是人所得福德宁为多不？"

须菩提言："甚多！世尊！何以故？是福德即非福德性，是故如来说福德多。"

"若复有人，于此经中，受持乃至四句偈等，为他人说，其福胜彼。何以故？须菩提，一切诸佛及诸佛阿耨多罗三藐三菩提法，皆从此经出。须菩提，所谓佛法者，即非佛法。

"须菩提，于意云何？须陀洹能作是念：我得须陀洹果不？"

须菩提言："不也，世尊！何以故？须陀洹名为入流，而无所入，不入色声香味触法，是名须陀洹。"

"须菩提，于意云何？斯陀含能作是念：我得斯陀含果不？"

须菩提言："不也，世尊！何以故？斯陀含名一往来，而实无往来，是名斯陀含。"

"须菩提，于意云何？阿那含能作是念：我得阿那含果不？"

须菩提言："不也，世尊！何以故？阿那含名为不来，而实无不来，是故名阿那含。"

"须菩提，于意云何？阿罗汉能作是念：我得阿罗汉道不？"

须菩提言："不也，世尊！何以故？实无有法名阿罗汉。世尊，若阿罗汉作是念：我得阿罗汉道，即为着我、人、众生、寿者。世尊，佛说我得无诤三昧，人中最为第一，是第一离欲阿罗汉。我不作是念：我是离欲阿罗汉。世尊，我若作是念：我得阿罗汉道，世尊则不说须菩提是乐阿兰那行者。以须菩提实无所行，而名须菩提是乐阿兰那行。"

佛告须菩提："于意云何？如来昔在然灯佛所，于法有所得不？"

"不也，世尊！如来在然灯佛所，于法实无所得。"

"须菩提：于意云何？菩萨庄严佛土不？"

"不也，世尊！何以故？庄严佛土者，即非庄严，是名庄严。"

"是故须菩提，诸菩萨摩诃萨，应如是生清净心，不应住色生心，不应住声香味触法生心，应无所住而生其心。须菩提，譬如有人，身如须弥山王。于意云何？是身为大不？"

须菩提言："甚大，世尊！何以故？佛说非身，是名大身。"

"须菩提，如恒河中所有沙数，如是沙等恒河，于意云何？是诸恒河沙，宁为多不？"

须菩提言："甚多，世尊！但诸恒河，尚多无数，何况其沙。"

"须菩提，我今实言告汝，若有善男子、善女人，以七宝满尔所恒河沙数三千大千世界，以用布施，得福多不？"

须菩提言："甚多，世尊！"

佛告须菩提："若善男子、善女人，于此经中，乃至受持四句偈等，为他人说，而此福德胜前福德。

"复次，须菩提，随说是经乃至四句偈等，当知此处，一切世间天、人、阿修罗，皆应供养，如佛塔庙。何况有人，尽能受持读诵。须菩提，当知是人成就最上第一希有之法。若是经典所在之处，即为有佛，若尊重弟子。"

尔时须菩提白佛言："世尊！当何名此经？我等云何奉持？"

佛告须菩提："是经名为《金刚般若波罗蜜》。以是名字，汝当奉持。所以者何？须菩提，佛说般若波罗蜜，即非般若波罗蜜。须菩提，于意云何？如来有所说法不？"

须菩提白佛言："世尊！如来无所说。"

"须菩提，于意云何？三千大千世界所有微尘，是为多不？"

须菩提言："甚多，世尊！"

"须菩提，诸微尘如来说非微尘，是名微尘。如来说世界非世界，是名世界。须菩提，于意云何？可以三十二相见如来不？"

"不也，世尊！不可以三十二相得见如来。何以故？如来说三十二相，即是非相，是名三十二相。"

"须菩提，若有善男子、善女人，以恒河沙等身命布施，若复有人于此经中，乃至受持四句偈等，为他人说，其福甚多。"

尔时，须菩提闻说是经，深解义趣，涕泪悲泣而白佛言："希有世尊！佛说如是甚深经典，我从昔来所得慧眼，未曾得闻如是之经。世尊，若复有人得闻是经，信心清净，则生实相。当知是人成就第一希有功德。世尊，是实相者则是非相，是故如来说名实相。世尊，我今得闻如是经典，信解受持，不足为难。若当来世，后五百岁，其有众生，得闻是经，信解受持，是人则为第一希有。何以故？此人无我相、人相、众生相、寿者相。所以者何？我相即是非相，人相、众生相、寿者相即是非相。何以故？离一切诸相，则名诸佛。"

佛告须菩提："如是，如是。若复有人，得闻是经，不惊不怖不畏，当知是人，甚为希有。何以故？须菩提，如来说第一波罗蜜，即非第一波罗蜜，是名第一波罗蜜。须菩提，忍辱波罗蜜，如来说非忍辱波罗蜜。何以故？须菩提，如我昔为歌利王割截身体，我于尔时，无我相、无人相、无众生相、无寿者相。何以故？我于往昔节节支解时，若有我相、人相、众生相、寿者相，应生嗔恨。

"须菩提，又念过去，于五百世作忍辱仙人，于尔所世，无我相，无人相，无众生相，无寿者相。是故，须菩提，菩萨应离一切相，发阿耨多罗三藐三菩提心。不应住色生心，不应住声、香、味、触、法生心，应生无所住心。若心有住，则为非住。是故佛说菩萨心，不应住色布施。须菩提，菩萨为利益一切众生，应如是布施。如来说一切诸相，即是非相。又说一切众生，即非众生。

"须菩提，如来是真语者，实语者，如语者，不诳语者，不异语者。须菩提，如来所得法，此法无实无虚。须菩提，若菩萨心住于法而行布施，如人入暗，则无所见。若菩萨心不住法而行布施，如人有目，日光明照见种种色。须菩提，当来之世，若有善男子、善女人，能于此经受持读诵，则为如来以佛智慧，悉知是人，悉见是人，皆得成就无量无边功德。

"须菩提，若有善男子、善女人，初日分以恒河沙等身布施，中日分复以恒河沙等身布施，后日分亦以恒河沙等身布施，如是无量百千万亿劫以身布施。若复有人，闻此经典，信心不逆，其福胜彼。何况书写、受持、读诵、为人解说？

"须菩提，以要言之，是经有不可思议、不可称量、无边功德。如来为发大乘者说，为发最上乘者说。若有人能受持读诵，广为人说，如来悉知是人，悉见是人，皆得成就不可量、不可称、无有边、不可思议功德。如是人等，则为荷担如来阿耨多罗三藐三菩提。何以故？须菩提，若乐小法者，著我见、人见、众生见、寿者见，则于此经，不能听受读诵，为人解说。须菩提，在在处处，若有此经，一切世间天、人、阿修罗所应供养。当知此处，则为是塔，皆应恭敬作礼围绕，以诸华香而散其处。

"复次，须菩提，善男子、善女人，受持读诵此经，若为人轻贱，是人先世罪业，应堕恶道，以今世人轻贱故，先世罪业则为消灭，当得阿耨多罗三藐三菩提。须菩提，我念过去无量阿僧祇劫，于然灯佛前，得值八百四千万亿那由他诸佛，悉皆供养承事无空过者。若复有人，于后末世，能受持读诵此经，所得功德，于我所供养诸佛功德，百分不及一，千万亿分，乃至算数譬喻所不能及。须菩提，若善男子、善女人，于后末世，有受持读诵此经，所得功德，我若具说者，或有人闻，心则狂乱，狐疑不信。须菩提，当知是经义不可思议，果报亦不可思议。"

尔时，须菩提白佛言："世尊！善男子、善女人，发阿耨多罗三藐三菩提心，云何应住？云何降伏其心？"

佛告须菩提："善男子、善女人，发阿耨多罗三藐三菩提心者，当生如是心：我应灭度一切众生，灭度一切众生已，而无有一众生实灭度者。何以故？须菩提，若菩萨有我相、人相、众生相、寿者相，则非菩萨。所以者何？须菩提，实无有法发阿耨多罗三藐三菩提心者。

"须菩提，于意云何？如来于然灯佛所，有法得阿耨多罗三藐三菩提不？"

"不也，世尊！如我解佛所说义：佛于然灯佛所，无有法得阿耨多罗三藐三菩提。"

佛言："如是，如是。须菩提，实无有法如来得阿耨多罗三藐三菩提。须菩提，若有法如来得阿耨多罗三藐三菩提者，然灯佛则不与我授记：'汝于来世，当得作佛，号释迦牟尼。'以实无有法得阿耨多罗三藐三菩提，是故然灯佛与我授记，作是言：'汝于来世，当得作佛，号释迦牟尼。'何以故？如来者，即诸法如义。若有人言，如来得阿耨多罗三藐三菩提。须菩提，实无有法佛得阿耨多罗三藐三菩提。须菩提，如来所得阿耨多罗三藐三菩提，于是中无实无虚，是故如来说一切法皆是佛法。须菩提，所言一切法者，即非一切法，是故名一切法。

"须菩提，譬如人身长大。"

须菩提言："世尊！如来说人身长大，则为非大身，是名大身。"

"须菩提，菩萨亦如是。若作是言，'我当灭度无量众生'，则不名菩萨。何以故？须菩提，实无有法名为菩萨。是故佛说一切法，无我、无人、无众生、无寿者。须菩提，若菩萨作是言，'我当庄严佛土'，是不名菩萨。何以故？如来说庄严佛土者，即非庄严，是名庄严。须菩提，若菩萨通达无我法者，如来说名真是菩萨。

"须菩提，于意云何？如来有肉眼不？"

"如是，世尊！如来有肉眼。"

"须菩提，于意云何？如来有天眼不？"

"如是，世尊！如来有天眼。"

"须菩提，于意云何？如来有慧眼不？"

"如是，世尊！如来有慧眼。"

"须菩提，于意云何？如来有法眼不？"

"如是，世尊！如来有法眼。"

"须菩提,于意云何?如来有佛眼不?"

"如是,世尊!如来有佛眼。"

"须菩提,于意云何?如恒河中所有沙,佛说是沙不?"

"如是,世尊!如来说是沙。"

"须菩提,于意云何?如一恒河中所有沙,有如是沙等恒河,是诸恒河所有沙数佛世界,如是宁为多不?"

"甚多,世尊!"

佛告须菩提:"尔所国土中,所有众生若干种心,如来悉知。何以故?如来说诸心皆为非心,是名为心。所以者何?须菩提,过去心不可得,现在心不可得,未来心不可得。

"须菩提,于意云何?若有人满三千大千世界七宝,以用布施,是人以是因缘,得福多不?"

"如是,世尊!此人以是因缘,得福甚多。"

"须菩提,若福德有实,如来不说得福德多,以福德无故,如来说得福德多。

"须菩提,于意云何?佛可以具足色身见不?"

"不也,世尊!如来不应以具足色身见。何以故?如来说具足色身,即非具足色身,是名具足色身。"

"须菩提,于意云何?如来可以具足诸相见不?"

"不也,世尊!如来不应以具足诸相见。何以故?如来说诸相具足,即非具足,是名诸相具足。"

"须菩提,汝勿谓如来作是念:'我当有所说法。'莫作是念。何以故?若人言如来有所说法,即为谤佛,不能解我所说故。须菩提,说法者,无法可说,是名说法。"

尔时,慧命须菩提白佛言:"世尊!颇有众生,于未来世,闻说是法生信心不?"

佛言:"须菩提,彼非众生非不众生。何以故?须菩提,众生众生者,如来说非众生,是名众生。"

须菩提白佛言:"世尊!佛得阿耨多罗三藐三菩提,为无所得耶?"

佛言:"如是,如是。须菩提,我于阿耨多罗三藐三菩提,乃至无有少法可得,是名阿耨多罗三藐三菩提。复次,须菩提,是法平等,无有高下,是名阿耨多罗三藐三菩提。以无我、无人、无众生、无寿者。修一切善法,则得阿耨多罗三藐三菩提。须菩提,所言善法者,如来说即非善法,是名善法。

"须菩提,若三千大千世界中,所有诸须弥山王,如是等七宝聚,有人持用布施。若人以此般若波罗蜜经,乃至四句偈等,受持读诵,为他人说,于前福德百分不及一,百千万亿分,乃至算数譬喻所不能及。

"须菩提,于意云何?汝等勿谓如来作是念:'我当度众生。'须菩提,莫作是念。何以故?实无有众生如来度者。若有众生如来度者,如来则有我、人、众生、寿者。须菩提,如来说有我者,则非有我,而凡夫之人以为有我。须菩提,凡夫者,如来说则非凡夫。

"须菩提,于意云何?可以三十二相观如来不?"

须菩提言:"如是,如是。以三十二相观如来。"

佛言:"须菩提,若以三十二相观如来者,转轮圣王则是如来。"

须菩提白佛言:"世尊!如我解佛所说义:不应以三十二相观如来。"

尔时世尊而说偈言:

"若以色见我,以音声求我,

是人行邪道，不能见如来。

"须菩提，汝若作是念：'如来不以具足相故，得阿耨多罗三藐三菩提。'须菩提，莫作是念：'如来不以具足相故，得阿耨多罗三藐三菩提。'须菩提，汝若作是念，发阿耨多罗三藐三菩提心者，说诸法断灭。莫作是念。何以故？发阿耨多罗三藐三菩提心者，于法不说断灭相。

"须菩提，若菩萨以满恒河沙等世界七宝，持用布施，若复有人，知一切法无我，得成于忍，此菩萨胜前菩萨所得功德。何以故？须菩提，以诸菩萨不受福德故。"

须菩提白佛言："世尊！云何菩萨不受福德？"

"须菩提，菩萨所作福德，不应贪著，是故说不受福德。

"须菩提，若有人言：'如来若来若去，若坐若卧。'是人不解我所说义。何以故？如来者，无所从来，亦无所去，故名如来。

"须菩提，若善男子、善女人，以三千大千世界碎为微尘，于意云何？是微尘众宁为多不？"

"甚多，世尊！何以故？若是微尘众实有者，佛则不说是微尘众。所以者何？佛说微尘众，则非微尘众，是名微尘众。世尊！如来所说三千大千世界，则非世界，是名世界。何以故？若世界实有者，则是一合相。如来说一合相，则非一合相，是名一合相。"

"须菩提，一合相者，则是不可说，但凡夫之人贪著其事。

"须菩提，若人言佛说我见、人见、众生见、寿者见，须菩提，于意云何？是人解我所说义不？"

"不也，世尊！是人不解如来所说义。何以故？世尊说我见、人见、众生见、寿者见，即非我见、人见、众生见、寿者见,是名我见、人见、众生见、寿者见。"

"须菩提,发阿耨多罗三藐三菩提心者,于一切法,应如是知,如是见,如是信解,不生法相。须菩提,所言法相者,如来说即非法相,是名法相。

"须菩提,若有人以满无量阿僧祇世界七宝,持用布施。若有善男子、善女人,发菩萨心者,持于此经,乃至四句偈等,受持读诵,为人演说,其福胜彼。云何为人演说?不取于相,如如不动。何以故?

"一切有为法,如梦幻泡影,
　　如露亦如电,应作如是观。"

佛说是经已,长老须菩提及诸比丘、比丘尼、优婆塞、优婆夷,一切世间天、人、阿修罗,闻佛所说,皆大欢喜,信受奉行。

主要参考书目

《金刚般若波罗蜜经》　菩提流支译

《金刚般若波罗蜜经》　留支三藏译

《金刚般若波罗蜜经》　真谛译

《金刚能断般若波罗蜜经》　达摩笈多译

《能断金刚般若波罗蜜多经》　玄奘译

《佛说能断金刚般若波罗蜜多经》　义净译

《大方广佛华严经》　实叉难陀译

《金刚般若波罗蜜经论》　天亲菩萨造　菩提流支译

《金刚般若波罗蜜经破取著不坏假名论》　功德施菩萨造　地婆诃罗等译

《金刚经集注》　朱棣集注

《中论》　龙树菩萨造　鸠摩罗什译

《顺中论》　龙树菩萨造　无著菩萨释　般若流支译

《入中论》　月称菩萨造　法尊法师译

《六祖法宝坛经》　法海集记

后 记

我接触佛教,是从《金刚经》开始。当时自己根本不知道《金刚经》在说什么,不过这也使我对佛法产生了浓厚的兴趣。不了解的事物,总是对人有吸引力的,就这样我渐渐了解了佛教。

对佛教了解的越多,越觉得佛教道理的深刻。客观地说,佛教不仅是一种宗教,而且超越了宗教。它不仅给人们带来了一种全新的世界观和人生观,而且还带来了一套体系完备的实践方法。

在佛教中,《金刚经》是备受推崇的一部经典,无论是佛教信仰者还是佛教研究者,几千年来对本经的研究都从未停止。尽管研究目的各不相同,但《金刚经》在佛教的地位却由此可略见一斑。

因为研究《金刚经》的人很多,得出的结论也就有很多,对此笔者不想作什么评论,但对本书,还是有几点需要说明:

一、本书对《金刚经》的解释并不全面,只是选择一个或几个笔者认为重要,或者说是对笔者重要的方面作了部分说明,所以并不排斥有其他的理解。依照佛教的说法,仅是对《金刚经》无量义中说其一。

二、本书的写法并不是非常严谨,只是随文释义,因义遣执,我想这和《金刚经》的主旨是不矛盾的。因为《金刚经》就是要破除人们的一切执著,本书这样做,也是为了免得读者再陷入文字的束缚之中。

三、经的原文本身就很浅显，如果读者能够读懂原文，不必再看经的译文，译成现代语言难免会失去原文的一些含义。

四、《金刚经》中前后很多地方好像都在说同一个问题，因此有些学者认为《金刚经》可能是由不同时间的经文拼凑而成的，这一点笔者不敢苟同。笔者认为《金刚经》破除人们的执著就如在剥洋葱，看上去好像在说同一个东西，而实质上已经不是刚才剥掉的那层。因为破除人们心中的执著有一个从外到内、从粗到细的过程，所以才出现好似经文重复的现象，实则经中并没有多余的话。

写《金刚经》的注释，对我来说还是有些吃力，因为自己水平有限，难免对经文的理解有偏差或理解得不深。好在古往今来有许多人都曾注释过《金刚经》，其中有很多好的文章可以参考，我也就勉强做些整理工作，希望能够抛砖引玉，对读者了解佛法起到一点好的作用。

在本书的写作过程中，李海波、培杰、王宏丽等人给我提供了无私的帮助，并提出很多宝贵的意见和建议，在此表示衷心的感谢。

田茂志谨识
2004 年 12 月 15 日

心 经

前　言

《心经》，蕅益大师称其"举世流通，文约义富"。短短二百六十字，从智慧的视角，讲解了佛法中从凡夫一直到佛的核心内容，称为般若之心，当之无愧。

《心经》是观自在菩萨自入甚深般若，从自证智自然流出，直说般若核心，故不似其他经典，佛与弟子一问一答，逐步引导，慢慢释疑。也正因如此，《心经》看似简单，实则甚深。

甚深的般若空性离言绝虑，无法直接用语言表达。如果空性能用语言直接表达的话，佛也不会讲那么多的经典，后代论师也就不用写那么多的论著。语言能做的，只是从不同的角度，尽可能描述空性，但永远不是空性本身。语言的另一个作用，就是指明证悟空性之道，真正的空性，只能靠自身去证悟。

《心经》从内容上看，首先讲了五蕴、十二处、十八界。这是佛教最基础的理论知识，称为三科。蕴、处、界三科从不同的视角，以不同的详略程度，解释了我们这个世界一切的物质和精神现象。然后讲了声闻、缘觉、菩萨的修行方法，即四圣谛、十二因缘、六度的核心般若。最后讲佛所证之无上正等正觉。可谓内容完备。

从修行次第看，从经文开始至"无智，亦无得"，主要讲解般若空性的见地。从"以无所得故……"开始，讲解般若的修和行。从

"三世诸佛……"开始,讲解般若修行之果。可谓见修行果完备。

从三解脱门看,最初讲"五蕴皆空"、"色不异空"等,是入空解脱门。后讲"诸法空相……",是入无相解脱门。再后讲"以无所得故……",是入无愿(无作)解脱门。可谓三解脱门完备。

从体相用来看,讲"五蕴皆空"、"空中无色"等,可认为是从体的方面来说空性。讲"诸法空相"等,可认为是从相的方面来说空性。"心无挂碍"、"究竟涅槃"、"得阿耨多罗三藐三菩提"等,可认为是从用的方面来说空性。可谓体相用完备。

从讲法方式看,经文首先站在众生的角度,讲与众生关系最密切的五蕴,说明五蕴的空性。然后站在诸法的角度,讲诸法空相,说明诸法平等。再站在空性的角度,讲空中无五蕴乃至无智无得,说明空性境界。最终落到菩萨"心无挂碍"的修行与诸佛的证悟。可谓次第井然。

为了使人易于行持,更示以般若波罗蜜多咒语,开方便之门,可谓悲心切切,而智慧昭昭。

所以《心经》虽短,内容却极为丰富。以上所说,仅是个人对《心经》粗浅的理解,更不排除错解的可能,即便与经义相符,也仅算管中窥豹而已。还望读者能以本具的智慧观照,对于本书错误或不周之处,予以拣择。

为了能使大家更好地理解《心经》,本书将见于《大藏经》的七种古译《心经》版本,附录于后,以便大家互相参照,理解经文真义。

般若波罗蜜多心经[1]

唐三藏法师玄奘[2] 奉诏译[3]

[注释]

①般若波罗蜜多心经：简称心经。般若波罗蜜多，梵语音译，鸠摩罗什法师译作般若波罗蜜。"般若"即智慧；"波罗蜜多"即到彼岸或度义。"般若波罗蜜多"即是智慧度。"心"是核心、精华、精髓的意思。因本经所讲的内容是智慧的核心，是六百卷大般若经的精髓，所以称为般若波罗蜜多心经。

②玄奘：唐代高僧，生于公元602年，圆寂于公元664年。玄奘法师精通佛法经、律、论三藏，所以称"三藏法师"。

③奉诏译：古代帝王所发的文书命令，称为诏书或诏令。玄奘法师一生翻译佛经一千三百余卷，与得到了唐太宗和高宗皇帝的支持有巨大的关系，所以此处称"奉诏译"。

[解说]

《心经》所讲，是一切智慧的核心。在历代《大藏经》中，能够找到的《心经》译本有七种，我们选择玄奘法师的译本进行注释。除了玄奘法师的译本广为流传外，还因为玄奘法师与《心经》有着极大的因缘。

据《大慈恩寺三藏法师传》所载："初，法师在蜀，见一病人，身疮臭秽，衣服破污。愍将向寺，施与衣服饮食之直。病者惭愧，乃授法师此《经》。因常诵习。至沙河间，逢诸恶鬼，奇状异类，绕人前后，虽念观音，不能令去，及诵此经，发声皆散。在危获济，实所凭焉。"是说玄奘法师早年在四川时，路上遇到一个病人，满身生疮，污臭难闻，衣服破烂。玄奘法师心生怜悯，把他带到寺里，请医生为他治病，给予衣服、饮食、钱财等，多方照顾。这个病人感谢玄奘法师，就传授法师《心经》一卷。法师常常诵习。至沙河（即莫贺延碛，长八百余里），遇到奇形怪状的恶鬼等异类，虽然念诵观音菩萨，也不能使这些恶鬼散去，但是念诵《心经》，刚一发声，这些恶鬼就都四散而去了。所以《心经》就是法师在危难中的依靠。

敦煌出土的《唐梵翻对字音般若波罗蜜多心经》序中，有一段更为详细的记载：玄奘法师在四川空惠寺时，遇到了一个病僧，病僧得知玄奘法师立志去天竺（印度）求法，对法师非常赞叹。因为去往天竺路途遥远，困难重重，于是传给玄奘法师一部《心经》。奇怪的是，第二天早上，这个病僧便不见了。在玄奘法师西行途中，每当遇到危难，念诵《心经》四十九遍，如果迷路了，就会有人来指引；如果没有吃的，就会出现饮食。只要诚心祈祷，每次都能消除危险，得到佑护。后来玄奘法师在中天竺那烂陀寺时，忽然又见到了这个僧人，这个僧人告诉玄奘法师说："你能历尽艰险，平安到达这里，就是仰仗我当初传给你的三世诸佛心要法门啊！取完经早些回去，以满足你的心愿。我就是观音菩萨！"说完，便腾空而去。

观自在菩萨①，行深般若波罗蜜多②时，照见五蕴③皆空，度一切苦厄④。

[译文]

观自在菩萨，在修行甚深般若波罗蜜多的时候，以智慧照见五蕴自性皆空，解脱了一切痛苦困厄。

[注释]

①观自在菩萨：即观世音菩萨、观音菩萨。观世音菩萨是鸠摩罗什法师的译法。

②深般若波罗蜜多：指甚深的般若波罗蜜多，也即实相般若。

③五蕴：指色蕴、受蕴、想蕴、行蕴和识蕴。蕴是积聚的意思。《祖庭事苑》："有相为色，领纳名受，取像曰想，迁流为行，分别为识。"广义五蕴是

对一切有为法的总称；狭义五蕴是对人身体和精神的总称。

④苦厄：苦，形声字。从草，古声，本义是苦菜，引申为各种痛苦。厄，厂卩会意，"厂"像山崖，"卩"像人在崖洞下卷曲身子不得伸展，所以指困厄、困境。

[解说]

大家读《心经》，会发现和其他佛经不太一样，开头少了"如是我闻"。其实并不是本经没有"如是我闻"，本书对照的其余五个版本，均是以"如是我闻"开始，有完整的序分、正宗分和流通分。《心经》只有鸠摩罗什法师和玄奘法师的译本不是以"如是我闻"开始。或许是两大译师为了将《心经》译得简要流畅、易于读诵而省略掉了。

比如我们看施护法师所译的《佛说圣佛母般若波罗蜜多经》，开头说道：

"如是我闻。一时，世尊在王舍城鹫峰山中，与大苾刍众千二百五十人俱，并诸菩萨摩诃萨众而共围绕。尔时，世尊即入甚深光明宣说正法三摩地。时观自在菩萨摩诃萨在佛会中，而此菩萨摩诃萨已能修行甚深般若波罗蜜多，观见五蕴自性皆空"。

从施护法师的译本中，我们可以看出：讲《心经》的地点，是在王舍城的鹫峰山（即灵鹫山），当时和佛在一起的有大比丘一千二百五十人，还有很多的菩萨和大菩萨。这个时候，佛进入了"甚深光明宣说正法"三摩地。观自在菩萨当时也在现场，他"已能修行甚深般若波罗蜜多，观见五蕴自性皆空"。这样就和玄奘法师译本的第一句对应起来了。

鸠摩罗什法师译本也是直接以"观世音菩萨，行深般若波罗蜜时，照见五阴空，度一切苦厄"开始。

《心经》主要的讲法者，是"观自在"菩萨，鸠摩罗什法师译为"观世音"，智慧轮法师译为"观世音自在"。至于译师们为什么这样译，我想一定有其充足的理由，我们知道他们是同一个菩萨就可以了。

观自在菩萨所修是什么呢？是"深般若波罗蜜多"。施护法师和智慧轮法师直接译成"甚深般若波罗蜜多"，只是"深"还不够，还要"甚深"。什么样的般若能够称为"深般若"呢？实相般若。实相，也就是究竟的真相,事物本来的样子。明了究竟真相的智慧,才是"深般若"。

玄奘法师所译《地藏十轮经》中说:"菩萨般若,有二种相:一者世间,二者出世间。"如果一个菩萨,无论读诵、书写、听闻,或为别人演说三乘佛法,不行寂静真实般若,常行有见有相般若,这样的般若有取有着,就是世间般若;如果一个菩萨在读诵、书写、听闻,或为别人演说三乘佛法时,依无所得方便,住无所行动、无所思惟、无有根本,心如虚空,平等寂静,不生不灭,离诸名相,这样的般若,无取无著,称为菩萨出世般若。

这里的"深般若"属出世间般若,也只有修持出世间的般若,才能渡过生死之河,到达寂静涅槃的彼岸,才能称为"波罗蜜多"。

观自在菩萨是如何修持般若的呢?在法月法师的《普遍智藏般若波罗蜜多心经》译本中,有这么一段话:"于是观自在菩萨摩诃萨蒙佛听许,佛所护念,入于慧光三昧正受。入此定已,以三昧力行深般若波罗蜜多时,照见五蕴自性皆空。彼了知五蕴自性皆空,从彼三昧安详而起。"

观自在菩萨首先入于"慧光三昧",然后在此定中,靠三昧之力,行甚深般若波罗蜜多。"三昧"是梵语的音译,又名三摩地、三摩提。"三"的意思是"正","昧"的意思是"受"。"三昧"译为"正定"或"正受"。《大智度论》说:"善心一处住不动,是名三昧。"

在开经明义的第一句,要特别注意"观"和"照"两个字。"观"是一种修行方法,通常是建立在"止"的基础上。虽也有直接由"观"入道的方法,但这要看个人的根器如何。"止"和"观"与菩萨六度中最后两度"禅定"和"智慧"相对应。

天台智者大师说:"止是禅定之胜因,观是智慧之由藉。"修"止"可以让我们平时动荡的心一点点安静下来,静的程度越来越深,时间越来越长,慢慢就会成就真正的"禅定"。所以智者大师说"止是禅定之胜因"。但"止"不是最终目标,因为仅靠"止"不能获得解脱,修"止"是为修"观"做准备。一个经常用的比喻是:我们很难看清不停流动的、浑浊的水中有什么,但是如果能让水静止不动,水就会变得澄清,再观察水里有什么就非常容易了。

观，《说文解字》说："观，谛视也。"段玉裁注"审谛之视也"。"审"和"谛"都有仔细研究、反复分析的意思，所以"观"就是通过详细观察和认真分析，去了知事物的真相。

本经的说法者就叫观自在菩萨，或者叫观世音菩萨。此菩萨观一切万法，自在无碍，所以称为观自在。此菩萨又观世间诸苦，寻声救度，自在无碍，所以称观世音。观自在是菩萨之智，观世音是菩萨之悲；智是菩萨内证之德，悲是菩萨外显之用。虽然观自在菩萨以大悲著称，但若无大智慧，又怎么能有如此多的方便寻声救苦呢？

要修般若度，须止观双运，定慧等持。无观之止，只是世间禅定，不能超凡入圣；无止之观，就如风中灯烛，又岂能常明？止观双运，定慧等持，才能像观自在菩萨那样，以三昧力，行深般若，从而照见五蕴皆空，洞悉万法的本来面目。

那要观什么呢？观本经下文说的五蕴、十二入、十八界、四圣谛、十二因缘、智和得，一切都能成为观的对象。当然，如果一个观透彻了，其他的也会自然明白，因为无论从哪一点悟入空性，所悟的空性都是一样的。禅宗参"念佛者是谁"、"如何是祖师西来意"等，就是属于观的方法。

我们多多少少都有一些"观"的经验，比如在日常生活或工作中，为了解决某些问题，我们会对问题进行认真的分析，这也是一种"观"，只不过这种"观"的目标是解决某一个具体问题，与佛教中修"观"是为了明了真相、获得智慧解脱不同。

"照"，也是"观"，比如施护法师此处就译为"观见五蕴自性皆空"。但"照"更能体现出"光明"之义，"光明"又与"智慧"相应，所以用"照"比用"观"就更能令人玩味。

我们通过两个例子来进一步理解一下"照"字。

第一个例子是"太阳之照"。当太阳升起，阳光所到之处，黑暗自然就没有了，一切都可以看得清清楚楚。般若智慧类似，当智慧升起，慧光所及之处，无明就消失了，万事万物的本质也就自然能够清清楚楚。这是一个自然而然的过程，光明不会和黑暗共存，智慧也不会和无明共存。观自在菩萨以甚深般若的智慧，自然"照"见五蕴空性的本质，从而解脱一切苦厄。

第二个例子是"镜子之照"。镜子大家基本上每天都会用到，当我们照镜子的时候，我们会看到自己在镜子中的样子。我们都知道镜子里的影像不是真正的自己，所以当我们看到脸上有脏东西的时候，不会去擦镜子里面的脸，而是会擦自己的脸。但是如果不知道镜子里的显现是自己的影子，而认为那是一个真实存在的实体，就会像有些寓言故事里所说的狮子一样，给自己制造很多麻烦，甚至是痛苦。

影像能够在镜子中出现，是因为镜子具有照的功能。无论什么物体在镜子前面，镜子里都能显现这个物体的影像。同理，我们所见的一切，也都是心的功能，不同的因缘出现，就会显现不同的影像。心不但具有显现的功能，还有了知的功能，心不但显现了这些影像，还能了知这些影像。心的了知功能，就是我们本具"智慧"的一部分。

当一个人不了解这些显现只是影像的时候，就会认为这些显现是真实的，这就是无明。如果我们知道这些显现并没有真实的本体，那这些影像是好是坏，是善是恶，对我们都不会造成任何问题。就像镜子，无论影像是美是丑，是好是坏，镜子只是在那如实地照着。所以，如果我们修般若，有一天也会和观自在菩萨一样，修成大圆镜智，圆明觉照，也会"照见五蕴皆空"，解脱一切苦厄。

我们再举一个《坛经》中的例子，帮助对"止"、"观"和"照"进行理解。

六祖惠能大师得到五祖的衣钵后，为防人陷害，连夜往南，后面有几百人追赶。第一个赶上惠能大师的是曾经当过四品将军的惠明，因惠明无法拿起惠能大师放在石头上的衣钵，所以他请求六祖为他传法。我们看《坛经》接下来的原文：

"惠能遂出，盘坐石上。惠明作礼云：'望行者为我说法。'惠能云：'汝既为法而来，可屏息诸缘，勿生一念，吾为汝说。'明良久。惠能云：

'不思善，不思恶，正与么时，那个是明上座本来面目？'惠明言下大悟。复问云：'上来密语密意外，还更有密意否？'惠能云：'与汝说者，即非密也。汝若反照，密在汝边。'明曰：'惠明虽在黄梅，实未省自己面目。今蒙指示，如人饮水，冷暖自知。今行者即惠明师也。'"

这里有几个要点。六祖先让惠明"屏息诸缘，勿生一念"，这是"止"，并且是"良久"，止了很长一段时间。然后问一句"不思善，不思恶，正与么时，那个是明上座本来面目？"这是让惠明反"观"，惠明言下大悟，所以是因观而悟。后又说："汝若反照，密在汝边。"此消除惠明疑虑，以作印证。"止"、"观"、"照"在这段公案中全包括了。

观自在菩萨观的对象是什么呢？是"五蕴"。"蕴"是积聚的意思，"五蕴"就是五种积聚在一起的东西，也就是下文所说的色、受、想、行、识五种蕴。

观"五蕴"，也可以理解为观"我"。因为人们所认为的"我"，不会超出"五蕴"的范畴。有些人把某一蕴认为是我，比如，有人会认为"身体"是"我"，"身体"属于"色蕴"，这是认为"色蕴"是我；有人认为"感受"是我，感受属于"受蕴"，这是认为"受蕴"是我；笛卡尔说"我思故我在"，思属"行蕴"，这是认为"行蕴"是我；有人把多个"蕴"认为是我，比如有人认为"精神"是我，"精神"含在"受想行识"四蕴之中；有人认为自己的"身体"和"心"合在一起是"我"，这是将五蕴整体认为是我。虽然各种"我"的观念非常多，但都与"五蕴"密不可分。

观自在菩萨观"五蕴"的结果是什么呢？是"五蕴皆空"。认识到"五蕴"的空性，"人我"也就空了，依于"我"而产生的"苦"也就随之而空了，自然就能从一切的痛苦中解脱出来，所以经说"度一切苦厄"。

在鸠摩罗什法师的译本中，将"五蕴"译为"五阴"。"阴"是覆蔽的意思，"五阴"能障蔽真如法性，从而生起烦恼与痛苦。"五阴"既是空性，又从何而有呢？《楞严经》中说："五阴本因，同是妄想。"色阴为坚固妄想；受阴为虚明妄想；想阴为融通妄想；行阴为幽隐妄想；识阴为颠倒微细精想。

以上总破"五蕴"以明"人我"空。前文说过，观自在菩萨行的是甚深般若波罗蜜多，在甚深的智慧观照之下，五蕴自然成为空性。如果是普通的智慧，可以先从道理上去分析五蕴，观察五蕴到底有没有自性。这类的分析广泛存在于中观的论著中，里面有详细的观察方法。

以下是单独说每一蕴。

舍利子①！色②不异空③，空不异色；色即是空，空即是色。

[译文]

舍利子！色蕴不异于空性，空性不异于色蕴；色蕴本身就是空性，空性本身就是色蕴。

[注释]

①舍利子：即舍利弗。舍利弗是鸠摩罗什法师的译法，他是释迦牟尼佛智慧第一的声闻弟子。据法云《翻译名义集》所说，有一个婆罗门论师名叫婆陀罗王，生了一个女儿，这个女儿的眼睛像舍利鸟的眼睛，所以给她取名叫"舍利"。舍利弗就是她的儿子。梵语"弗"对应汉语是"子"的意思，所以"舍利子"是因为母亲叫"舍利"而得名。

②色：指色蕴。色是变碍的意思，占有一定空间，且会变坏者，称之为色。色的聚集，称为色蕴。色蕴泛指一切物质现象，但物质二字并不能涵盖色蕴全部的意义。《大乘五蕴论》说："云何色蕴？谓四大种及四大种所造诸色。"四大种，指地、水、火、风四大种。四大种所造诸色，包括眼根、耳根、鼻根、舌根、身根、色、声、香、味、触一分及无表色。后面这个"色"是眼境界，包括三种：显色、形色、表色。一、显色，如青黄赤白、光影明暗、云烟尘雾等皆为显色。二、形色，如长短方圆、粗细大小、直曲高下等诸种色法之相状。三、表色，如行住坐卧、取舍屈伸等各种动作形态。无表色指有表业及三摩地所生色等。

③空：指空性。空性不是一无所有的空无，而是万法的实相。一切万法因缘和合而有，无有自性，如梦如幻一般，无有真实体性。

[解说]

施护法师的译本中，有舍利子向观自在菩萨请求讲法的一段话：

"尔时,尊者舍利子承佛威神,前白观自在菩萨摩诃萨言:'若善男子、善女人,于此甚深般若波罗蜜多法门,乐欲修学者,当云何学?'

"时观自在菩萨摩诃萨告尊者舍利子言:'汝今谛听,为汝宣说。若善男子、善女人,乐欲修学此甚深般若波罗蜜多法门者,当观五蕴自性皆空。何名五蕴自性空耶?所谓即色是空,即空是色;色无异于空,空无异于色。受、想、行、识,亦复如是。'"

舍利子向观自在菩萨请问如何修习甚深般若法门,观自在菩萨告诉舍利子,如果有人想修学这个甚深般若法门,应当"观五蕴自性皆空"。后面的"色即是空,空即是色;色无异于空,空无异于色。受、想、行、识,亦复如是"是对"观五蕴自性皆空"的具体解释。除鸠摩罗什法师的译本,其他几个译本这部分内容大体一致。鸠摩罗什法师的译本是这样的:

"舍利弗!色空故无恼坏相,受空故无受相,想空故无知相,行空故无作相,识空故无觉相。何以故?舍利弗,非色异空,非空异色;色即是空,空即是色。受、想、行、识,亦复如是。"

此处的"色空故无恼坏相,受空故无受相,想空故无知相,行空故无作相,识空故无觉相"。可以理解为把其他译本所说的"观五蕴自性皆空"具体解释了一遍。

就"色蕴"与"空性"的关系,观自在菩萨对舍利子说了著名的四句话:"色不异空,空不异色;色即是空,空即是色。"这是《心经》中非常核心的内容,是理解《心经》的要点。这四句话如果用一句话概述,就是"色空不二"。

我们先说"色"。"色"在不同的场合,可以指五蕴的"色蕴"、十二处的"色处"以及十八界的"色界"。依照《大乘五蕴论》,"色蕴"的范围非常广,包含了四大种以及四大种所造的五根(清净色)、五境以及无表色。五境之一的"色"是眼根的对境,也就是眼所见的显色、形色和表色,即十八界之"色界","色界"只是"色蕴"的一部分。耳根等其他四根所对的四种境——声音、气味、味道、触之一分(除四大种外的滑性、涩性、重性、轻性等），这些虽然不是眼根所见，但也都属于"色蕴"。所以在经中读到"色"时，要根据上下文区分是"色蕴"、"色处"或"色界"，否则就会引起混淆。

我们物质的身体，属于色蕴。但色蕴不只是包括我们的身体，也包括我们身体之外的一切物质。按佛教理论，我们的身体由四大种所成，骨骼、肌肉、指甲等属地大；各类体液属水大；保持体温的暖性，属火大；各类呼吸之气属风大。我们的身体也符合佛教所说的"色"的特点：它占有一定的空间；它也是有碍的，我们不能穿墙而过；最终它会坏灭而不复存在。因此，佛教也称我们物质的身体为"色身"。

我们再看"空"。如果不能正确理解"空"或"空性"，那么就没法理解般若教法。当我们在经典中看到"空"或"空性"，一定不能理解为"什么都没有"，"什么都没有"是"顽空"，这正是佛教极力反对的"断见"。要把"空"或"空性"理解成"无自性"或"非实有"。"无自性"是说一切法都是因缘所生，并无独立存在、永恒不变的自性。"非实有"是说一切法体性本空，如梦如幻。

"色不异空，空不异色；色即是空，空即是色。"这四句话，从不同的角度说明了色蕴和空性并非两个不同的东西，而是一体的两面。

"空"在哪里呢？是不是在"色"之外，另有一个与"色"相对的"空"呢？

如果认为有一个离于"色"的"空"存在，那这个"空"就是所谓的"顽空"。把"顽空"当作"空性"，只会误入歧途，所以佛在经中说："宁起有见如须弥山，不起空见如芥子许。"因为如果持有"有见"，还可以用"空见"来破除，如果持有错误的"空见"，那就没有办法破除了。

真相是，空不在色之外，色就是空，如果要找空，就在色里面找，不要在色之外找。我们用古代大德的一个比喻，来说明一下"色"与"空"的这种不二的关系。古德把"色"与"空"，比作"冰"与"水"。如果天气寒冷，水就会变成冰；如果天气变热，冰就会化为水。但冰和水是两个东西吗？虽然从现象看，冰是坚硬的固体，水是流动的液体，它们是不同的，但从本质上说，冰和水，只是水的不同形态，它们从本质上是一样的，只是在不同的环境下，呈现出不同的形态而已。

就如冰和水，因为天气冷和热而有不同。色和空，也因无明和智慧而有不同。众生由于无明，空性显为色蕴，如同水变成冰；菩萨因般若智，色蕴即是空性，就像冰融为水。所以色与空是同一本质，只是表现不同。在众生，空性表现为色蕴，而空性不显；在菩萨，色蕴表现为空性，而无色蕴可得。

所以空和色不是两个东西，空就在色里，不能离开色去找空。色也在空里，不能离开空而有色。所以如果理解了"冰不异水，水不异冰；冰即是水，水即是冰"，也就能理解"色不异空，空不异色；色即是空，空即是色"。

我们再举一个现代科学的例子。借用现代科学的词汇，我们可以用"物质"和"能量"的关系来理解"色"与"空"的关系。佛教的"色"，基本上可以对应现代科学所说的"物质"，佛教的"空"，从某个方面看，也与现代科学所说的"能量"有些类似。因为佛教所说的"空性"，本身就具有无尽的潜量，在不同的因缘下，有不同显现，具有无限的可能性。

对于物质和能量，爱因斯坦给出了著名的质能方程。从质能方程看，物质和能量可以互相转换。能量就在物质里，物质也在能量里。比如煤，燃烧会释放出能量；植物通过光合作用，也可将太阳的能量转换成自身的物质；动物们可以把吃的东西转换成能量，以维持生命的正常运作，多余的能量可以转化成物质——比如脂肪存储起来，需要时脂肪又可转换成能量。如果通过技术手段，可以使物质爆发出巨大的能量，比如原子弹爆炸。现在人们也正在致力于能量到物质的转变研究。由此可见，物质不异能量，能量不异物质；物质即是能量，能量即是物质。这和经文所说的"色"与"空"的关系，也可以一一对应。

有些人会说，冰化成水，水结成冰，或者物质变能量，能量变物质，这些我能理解，因为我能亲眼所见。但是色变成空，空变成色，我却从未见过。其实，几乎所有人都见过，只不过一般人不这么认为罢了。在什么地方见过呢？就在你的梦中。你在梦中所见的一切，不都是空的吗？虽然是空的，在梦中又那么真实。当梦出现时，空变成了色；当梦消失时，色变成了空；梦中的色就是空，空也就是色。

如果你说，那是在梦中，在现实中不是这样子的。因为你醒了，才知道那是在梦中，如果你没有醒，就会把梦中的一切当成现实。我们认为的所谓现实也是一样，这所谓的现实，发生在无明带来的人生大梦中，因为我们还没有醒，所以认为这是所谓的现实，当我们从无明的梦中醒了，就会发现所谓的现实，和梦也没有区别。佛菩萨们就是从无明的梦中醒了过来，发现一切都是空性，从而获得解脱。

我们还可以把色一层层剖开，仔细看看到最后会是什么。比如把我们执着的身体，一点点地分解开，看看最终是什么。把色逐渐细分，按教佛教的理论，最后会分为微尘，微尘再分，就成为极微。极微也叫邻虚尘，是色最小的单位。论中说，微尘是眼所见之最极点，这里说的眼，非一般人的肉眼，而是天眼。比微尘更小的极微，虽然定义为色的最小单位，但已经没有了色的体用，因为极微既无方分，也无质碍。因为微尘已经是眼所见之极点，所以极微已不是眼能所见，而是慧眼之所行境，《正理论》称之为假之极微。

当我们一层层细分色的时候，每往里分一层，就能破除上一层的实有性。比如椅子，我们通常认为椅子是实有的。但当我们把椅子拆散，变成一堆配件的时候，没有人再认为这是椅子，椅子的实有性就被破除了。但人们还是会认为这是椅子腿，那是椅子背等。再进一步，如果把椅子腿、椅子背等磨成粉末，放到人们面前，估计没有几个人知道这些粉末会和椅子有什么关系，这时关于椅子腿、椅子背等的概念也就破除了。当分到微尘，微尘以上的概念就被破除了。微尘再分为极微时，微尘的概念也被破除了。那最后的极微呢？上面说过，极微已经没有方分，没有质碍，是慧眼行境。当一个人能见极微，也就实际见到了色之空性。

现代科学对物质的研究，也是把物质不断地细分。物质被分为分子，分子再分为原子，原子再分为原子核和电子，原子核再分为质子和中子，质子和中子再细分，成为夸克……科学家们发现，原子以下的次原子层，根本不是物质，只是"能量"。这也从另一个侧面证明了色空不二的关系。

关于这四句的顺序，有几个译本把"色即是空，空即是色"放在了"色不异空，空不异色"的前面。但无论顺序如何，都是从四个不同的角度阐述的同一个道理。

受①、想②、行③、识④，亦复如是。

[译文]

受蕴、想蕴、行蕴、识蕴，也是这样。

[注释]

①受：指受蕴。受是领纳的意思。受有三种：一苦受；二乐受；三舍受。苦受是指这种受生起的时候，心里排斥，想离开这受；乐受是指这种受消失的时候，心里恋恋不舍，不想离开这种受；舍受是指不苦不乐之受，没有想要得到或离开的想法。

②想：指想蕴。想是于境取相的意思。想是在识缘境时，对所缘境加以了别，形成心中的概念，再加上名称。比如眼看到一个有四个腿一个面的东西，心里知道这是"桌子"，这个就称为想。

③行：指行蕴。行是迁流、造作的意思。《集论》中说："谓由行故，令心造作。于善不善无记品中，驱役心故。"《大乘五蕴论》曰："云何行蕴，谓除受、想，诸余心法及心不相应行。"若按大乘百法分类，在五十一种心所有法中，除去受、想二种外的四十九个心所，再加上二十四种不相应行法，这七十三法，属于行蕴。

④识：指识蕴。识是了别的意思。一般说六识，即眼识、耳识、鼻识、舌识、意识。唯识宗立八识，前面六识之上再加上末那识和阿赖耶识。《顺正理论》说："心、意、识体虽是一，而训词等义类有异，谓集起故名心，思量故名意，了别故名识。"

[解说]

观自在菩萨讲完色蕴，继续讲受蕴、想蕴、行蕴和识蕴。这四蕴与空性的关系和色蕴与空性的关系是一样的。

一、对于受蕴，与色蕴相同，"受不异空，空不异受；受即是空，空即是受"。

《大乘五蕴论》中说："云何受蕴？谓三领纳，一苦、二乐、三不苦不乐。"

受是指我们的感受或觉受。比如我们身体遇到寒风，会感到冷；摔到地上会感到疼；吃到糖会感到甜等。受的分类比较多，常见的比如分为苦受、乐受和不苦不乐受三种；或者分为眼触所生受、耳触所生受、鼻触所生受、舌触所生受、身触所生受和意触所生受等六种；或者分为身受（前五识相应受）和心受（意识相应受）二种。

关于受蕴的空性，比色蕴的空性容易理解。很多人都有这样的体会：当自己生病或者受到某种伤害时，身体的痛苦极其强烈，在当时的情况下，自己会觉得一辈子都忘不了那种剧烈的疼痛。但实际上，当身体慢慢恢复后，当时的感觉就慢慢淡忘了，甚至好像从来没有发生过一样。这其实就是受蕴本质上是空性的表现。如果受不是空性，有不变的自性，那它就会一直在那里，永远都不会消失。实际上并非如此。

苦受是空，乐受也一样。我们一生经历过很多快乐，但是这些快乐最终都消失不见，只剩下回忆。如果我们不了解乐受也是空的，而是想把它一直抓在手里，这不但不会成功，而且会给我们带来更多的痛苦。

不苦不乐之受，我们随时都在经历，但我们几乎没有关注过它们。这些都是受蕴是空性的证明。

如果我们观察得更细微，就会发现受是时刻变化的。旧的感受旋生即灭，想抓也抓不住；新的感受无间又生，想去也去不掉。所以经中说"受不异空，空不异受；受即是空，空即是受"。和色一样，受和空也是一体的，是不二的。

受对人的影响巨大，因为苦乐的感受非常强烈，不能被忽略。不只是人类，一切众生都在追求乐受，逃避苦受。也正因为如此，五蕴中将受蕴单独列为一蕴，十二因缘中将受单独列为一支。

佛教不否定人们对快乐的追求，这恰恰是佛教的目标。但佛教告诉我们,追求快乐要有正确的方法,如果不知道正确的方法,所做的一切可能只会带来痛苦。

虽然受本质上是空性,但如果没有般若智慧,就会对它产生执着。如果我们能够保持观照,这些随时随地在我们身上或心里产生的各种感受,都能成为我们体认空性的材料。

二、对于想蕴,与前二蕴相同,"想不异空,空不异想;想即是空,空即是想"。

《大乘五蕴论》中说:"云何想蕴?谓于境界取种种相。"《杂集论》中说:"由此想故构画种种诸法像类;随所见闻觉知之义,起诸言说。"

"想"是所缘在心中的"相",以及给所缘安立的名称。比如有人问:"你喜欢山吗?"你听到"山"这个词,心中会浮现出山的"形相",山的这个"形相"就会和你心中的"山"这个名词相关联,这个形相和这个名词,就是"想"。

"想"不但可以是"山"这类眼睛能见的形相,还可以是耳朵听到的、鼻子闻到的、舌头尝到的、身体接触到的以及意识所想象的各种各类的"相"。比如当你听到"音乐"这个词,你心中会浮现出一些与声音有关的旋律的形相等。

"想"是在六根与六境接触的过程中形成的。比如小婴儿在成长的过程中,开始并不知道什么是山,后来被带到山的附近或山中,大人告诉他:"看,山!"慢慢地他就把这些形相和"山"这个名称关联了起来,当再说"山"的时候,他心中就会浮现出相应的形相。这是在实际体验中直接建立的"想"。还有间接建立的"想"。比如一个人从未去过北京,但是他一直听人说起北京如何如何。他依靠自己已有的经验,也会在心中建立一个北京的"相",当人再次提到"北京"时,这个"相"依然会在他的心中浮现出来,即使这个想像中的北京的"相"和真实的"北京"相差很远。再比如大多数人都没有真正见过原子和电子,但是通过学习,各自心中也都有一个原子和电子的"相"。

语言就是建立在"想蕴"的基础上。如果没有"想蕴"的种种名称和概念，语言根本没有办法运作，也无法进行思考活动。"想蕴"建立了各种概念，思考把这些概念有序地组织在一起。我们观察一下自己说话和思考的过程，就不难发现这一点。只要有语言的活动，那就离不开"想蕴"，所以"想蕴"也被单独列为一蕴。

我们由于执着，把心中的各种想法看得很实在，好像它们是真实存在的。但是如果我们认真观察，就会发现实际上我们一会想东，一会想西，各种想法、各种画面不断地飘来飘去，却没有一个想法和画面能一直留在那里。有时候，我们想在心中一直保留一幅开心的画面，但是却不能持续几秒钟；也有时候，我们再也不想去想一件事情，但是相关的画面却不停地出现在心里。这就是经中所说的"想不异空，空不异想；想即是空，空即是想。"

圣者阿罗汉能入灭尽定，使六识的心和心所都灭掉。入灭尽定的修行方便，也是要首先灭掉受和想两种心所，所以灭尽定也被称为灭受想定，由此也可见受蕴和想蕴的重要性。印度外道也有一种定，叫无想定，与阿罗汉所入的灭尽定不同。

《瑜伽师地论》中说："问：诸阿罗汉，住有余依涅槃界中，住何等心，于无余依般涅槃界，当般涅槃？答：于一切相不复思惟，唯正思惟真无相界，渐入灭定灭转识等。次异熟识舍所依止，由异熟识无有取故，诸转识等不复得生。唯余清净无为离垢真法界在。"

三、对于行蕴，与前三蕴相同，"行不异空，空不异行；行即是空，空即是行"。

《大乘五蕴论》中说："云何行蕴？谓除受、想，诸余心法及心不相应行。"也就是除了受蕴、想蕴和识蕴（六识或八识，识蕴属心王），其余的所有心法和心不相应行法，都是行蕴。行蕴包含的范围比较广，它有一部分是心所法，有一部分是心不相应行法。这是从行蕴的内容来定义行蕴。《俱舍论》中说"行名造作"，凡是造作就是行，这是从行蕴的特点上来定义行蕴。行蕴使心念念迁流，不断变化。

比如大家熟悉的五毒——贪、嗔、痴、慢、疑，都属于"行"。这五种心不但本身属于不善行，还能引发一系列身语意的行为，进而造作更多恶业。无贪、无嗔、无痴、精进、轻安、不放逸等心，也属于"行"，这些属于善行。善行同样也令心造作，只不过会带来好的结果。除了这些明显的善恶之心，还有比如睡眠、入定、思考等，也属于"行"。佛教中著名的"业"，主要就是因"行蕴"而有的。

行蕴也是空的自性。按照《大乘五蕴论》，行蕴包括四十九个心所法，再加上二十四种心不相应行法，共有七十三法，有兴趣的读者可以参阅《大乘五蕴论》等论著。如果一一分析这些法，就会明白每个法都是空性，行空不二。

比如贪心，如果某个东西我们不能得到，就拼命想要；但真得到了，很快就不喜欢了；如果时间再长，还可能对它产生厌倦之心。嗔心也是如此，以前恨的人，可能会变成朋友，朋友也可能变成仇敌。所以无论贪心还是嗔心，都没有不变的自性，都是空性。虽然是空性，它们又时时现起。这就是"行不异空"等四句所阐明的意义。

四、识蕴，与前四蕴相同，"识不异空，空不异识；识即是空，空即是识"。

《大乘五蕴论》中说："云何识蕴？谓于所缘境，了别为性。亦名心、意，由采集故，意所摄故。"按《大乘五蕴论》的观点，识蕴是心和意的别名。《俱舍论》中也说："集起故名心，思量故名意，了别故名识。心、意、识三者，所诠义虽异，而体是一如。"由此可见，说"心"，强调的是"采集"或"集起"的作用；说"意"，强调的"思量"的作用；说"识"，强调的是"了别"的作用。

在《心经》的经文中，识蕴只包括六种识，即眼识、耳识、鼻识、舌识、身识和意识。唯识宗讲八识，与六识的讲法有些不同。唯识宗认为，第八阿赖耶识能积集诸法种子，故称为心；第七末那识能恒审思量生起我执，故称为意；前六识能了别个自对境，故称为识。唯识所讲和《心经》所讲并不矛盾，只是唯识对心的划分更加细致。我们依照本经，只说六识。六识的对境分别为色、声、香、味、触、法。

"识"是对所缘境有"了别"的功能，比如眼识能了别色境，耳识了别声境等。"了别"和"分别"是不同的。当识和对境接触的第一刹那，还没有概念思维的时候，称为"了别"；在"了别"之后，起心动念对所缘境进行分别判断，称为"分别"。比如当你看向窗外，第一个刹那看到了很多景象，所有的景象同时被看到，这时还是眼识的"了别"功能；在第二个刹那，心开始运作，知道这是树、那是楼，这是天、那是云……将事物各各分开，这属于"分别"。眼识不会分别，也不会判断美和丑，分别是意识的功能。

识只有遇到对境时才会有，如果没有对境，相应的识便不会产生。比如眼识，如果我们的眼睛正看着白白的墙壁，这时不会产生看见树的眼识，而只会产生看到白色墙壁的眼识。同样，如果我们把眼转向窗外，有了树的对境，那刚才看到白色墙壁的眼识就消失了，而会产生看到树的眼识。耳识听到声音、鼻识嗅到气味、舌识尝到味道、身识产生触感、意识对法的了知等均是如此。这说明识随境而转，无有自性。虽无自性，对境又会无间生起，不能自主。所以识蕴也与空性无二。

在五蕴中，除色蕴外，受蕴、想蕴、行蕴和识蕴，都属于心。所以佛教也经常用把一切法只分为"色法"和"心法"两种。

通过经文，我们可以看出，空性并非存在于五蕴之外，五蕴即是空性，空性即是五蕴。六祖大师也曾说："佛法在世间，不离世间觉。离世觅菩提，恰如求兔角。"同样，如果离开五蕴别觅空性，也和找兔角一样。

虽然五蕴和空性本质上是不二的，但在实践上，明白五蕴为空性似乎更重要一些。因为众生从无始以来执着五蕴实有，才在轮回中不能出离，所以佛教用了很多方法让众生明白空性的道理。

比如佛教常说的无常，除了令人生起出离心外，也是修习空性的方法。五蕴中没有什么是恒常不变的。无论是内在的身体，还是外在的山河大地等，时时刻刻都处在变化之中，最终归于坏灭。我们的内心，各种感觉、情绪、思想等，刹那不停地生起又消失，然后又再次生起。粗大的无常，我们都能看到，比如几乎每天我们都能看到各种死亡的消息；细微的无常，则需要静心体会或者通过理智的分析才能了解，比如我们觉察不到指甲和头发的生长，但过不了多久，它们就需要修理一番。通过对无常的观察，也可使我们慢慢悟入空性。

观察缘起，也是常用的方法。一切法都是因缘聚而有，因缘散而灭，一切法既然要靠众缘具足才能生起，那就证明一切法都没有独立不变的自性，这被称为缘起性空。虽然一切法都是空性，但如果因缘具足，谁也无法阻止它的生起，这被称为性空缘起。比如谁都不想生病，但是如果一个人不注意，吃了不该吃的食物，又没有及时处理，这些因缘都具足了，就必然会生病。

本经的请法者舍利弗，就是听了马胜比丘所说偈语："诸法因缘生，诸法因缘灭，我佛大沙门，常作如是说。"从而悟道，追随佛陀，成为佛陀智慧第一的声闻弟子。缘起性空与性空缘起，和本经说的五蕴即是空，空即是五蕴，有着异曲同工之妙。但是说缘起性空，更偏重理论，本经说五蕴皆空，是观自在菩萨的自证境界。

无论什么方法，仅仅在理论上知道是不够的。理论可以帮助我们解除心中的疑惑，指明实践的道路，但是只有亲身体证才能获得真实的利益。我们也要像观自在菩萨那样，通过修习深般若，达到照见五蕴皆空的境界，才能到达"度一切苦厄"的彼岸。

以上讲五蕴皆空，可归入佛教三解脱门中的"空解脱门"。

舍利子！是诸法①空相②，不生不灭，不垢不净，不增不减。

[译文]

舍利子！一切法都是空相，既不生也不灭，既非染污也非清净，既不增加也不减少。

[注释]

①法：梵语"达磨"。《俱舍论》说："能持自相，故名为法。"法也常定义为"任持自性，轨生物解"。法指每一个事物都有其特有的、区别于其他事物的特性和相状，使人能够了知它是何物。例如桌子有桌子的特性，比如四个

腿上有一个面，可以用来放东西，人们看到这样的物品，就知道这是桌子。

②相：指能表现于外，可被观察、描写的各种特征。

[解说]

从"是诸法空相"至"无智，亦无得"，可归入三解脱门中的"无相解脱门"。谓既知一切法空，故观男女、一异等相，实不可得。若能如是通达诸法无相，即得自在，故名无相解脱门。

诸法，也就是一切法。《俱舍论》说："能持自相，故名为法。"每一个法，都有一个不同于其他法的"相"，正是因为这个独特的"相"，才让一个法与其他法不同。当一个法独特的"自相"不存在了，我们会认为这个法不存在了。比如当一个木桌子被存锯成一块块的，虽然木材一点也没少，但我们不再把这堆木块叫"桌子"，因为这堆木块没有了桌子的"相"。

"相"并不仅仅指眼见的、有形状、有颜色的"色相"，还包括"声相"、"香相"、"味相"、"触相"和"法相"。有人听到一段音乐，就能知道是哪首曲子，就是因为这首曲子有不同于其他曲子的"声相"。有人闻到茶叶的香气，就能知道是什么茶，这属于"香相"。有人喝一口咖啡，就知道咖啡的种类，这属于"味相"。有人摸到一块玉，就知道玉的种类，这属于"触相"。我们心中生起的贪嗔等法，属于"法相"。

观自在菩萨对舍利子说，一切法空相。空相，也就是相空，也就是无相。观自在菩萨为什么要说一切法空相呢？

因为我们一般人都有很强的二元分别。比如善和恶、美和丑、亲和怨、好和坏、生和死……简直无穷无尽。这些都是"不平"，有"不平"就有取舍，有取舍就有造作，有造作就会生死不断。如果我们修习甚深般若，通达了诸法空相，则自他、生死、善恶、怨亲、垢净、好坏、一异等相，了不可得，就能获得解脱自在。

在本经中，观自在菩萨是用三个看似对立的法，来说明诸法空相。

首先是一切法不生不灭，无生灭相。很多人小时候都问过一个问题："我是从哪里来的？"这也许是我们对"生"最早期的探索。不过遗憾的是，很多人长大以后，再也没有认真思考过生死的问题，以至对生死完全无视，一生都醉心于各种追求之中，就好像死亡根本就不存在一样。如果没有认真观察和思考，也就不会认清生死的真相。

龙树大师著名的《中论》中，开篇即说："不生亦不灭，不常亦不断，不一亦不异，不来亦不出。"龙树大师首先破的就是"生"，告诉我们诸法"不生"，既然"不生"，当然也不可能有"灭"，所以诸法"不生亦不灭"，也就是本经中说的"不生不灭"。

为什么一切法不生呢？《中论》中说："诸法不自生，亦不从他生，不共不无因，是故知无生。"历代的中观师们，对龙树大师这四句话，有非常多的注解，也有很多的辩论，我们在此只能做个非常简略、非常粗糙、非常不严谨的解释，有兴趣的读者，可以去阅读中观类的论著。

龙树大师说，一个法要生，只有四种情况：一是自生，二是他生，三是自他生，四是无因生。不可能有第五种情况了。

一切法不可能从自己生出来，因为如果一切法从自己出生，自己已经有了，就没有必要再次出生。比如芽不可能从芽中生。

一切法也不可能从其他法生出来。比如人们认为芽是从种子中出生。那种子在未生芽时，种子里是有芽呢，还是无芽呢？如果种子里有芽，芽既已有，何必再生呢？如果种子里无芽，那芽生时，芽和种子是同时存在的呢？还是不同时存在呢？如果芽和种子同时存在，既然芽已经存在，当然不需要再由种子来生。如果芽和种子不同时存在，既不同时，已经灭的种子又怎么能生芽呢？

一切法不可能由自他共生，因为有自生和他生两种的过失。

一切法也不可能无因而生。如果一切法无因而生，那么不用播种也可以长出庄稼了。

四种生既不能成立，一切法只能是无生。无生当然无灭。生灭之相了不可得。

当然，龙树大师在《中论》里破除的是自性生。《中论》接着说："能说是因缘，善灭诸戏论，我稽首礼佛，诸说中第一。"因缘生，即证明了一切法无自性,生如幻化。

然后是一切法不垢不净,离垢净相。若一切法从未有生,那怎么谈得上染污和清净呢?只有把实有法才会有垢和净的区别,非实有的法,垢和净只是我们妄心的分别罢了。故《维摩吉经》中说:"若菩萨欲得净土,当净其心;随其心净,则佛土净。"

再就是一切法不增不减,离增减相。若一切法本自无生,当然也谈不上增减。一切法无相,犹如虚空。如《华严经》说:"譬如如如性,离虚妄寂灭,亦无有生者,亦无有灭者。如是诸如来,及一切境界,亦同如如性,不增亦不减。"

除了逻辑上的分析,利用比喻,可能更容易理解诸法空相。如《金刚经》中说:"一切有为法,如梦幻泡影,如露亦如电,应作如是观。"

我们还是以梦为例做个简单说明。在梦中会显现出的各样的景象,我们在梦中觉得非常真实,也会随着梦境的变化而有喜怒哀乐。即便梦境非常不合逻辑,我们在梦中也不会觉得有什么不妥。只有当我们醒来时,才知道这一切原来只不过是一场虚幻的梦而已。

就像有人梦中生了个儿子,非常高兴,这个儿子有"生"吗?没有。如果梦到儿子死掉了,这个儿子有"灭"吗?也没有。或者梦中儿子没有死,醒来时,儿子也不见了,这个儿子有"灭"吗?还是没有。因为这个儿子从来都没有真实存在过,从来都没存在的事物,怎么能说它有生有灭呢?

又如在梦中,梦到整洁的宫殿,或梦到污秽的厕所,这也都是做梦者无实的梦境,当梦醒来,再看梦中的宫殿和厕所,会有垢净的分别吗?

又如梦中,梦到自己得到了非常多的财富,或者梦到自己变得一无所有。当醒来时,会有财富的增减吗?

所以,已经从无明中醒来的观自在菩萨,告诉我们还在梦中的众生,一切法空相,没有生灭相,没有垢净相,也没有增减相。

如果我们明白了这些道理,就不会再认为轮回不净,涅槃为净;娑婆不净,极乐为净;烦恼不净,菩提清净。如果我们证悟了甚深的般若,就会明白轮回空相，即为涅槃；娑婆清净，亦是极乐；烦恼性空，即是菩提。我们再不会因得到而高兴，也不会因失去而悲伤。在凡如此，在圣亦然。万法的究竟，即是法身，法身空相，一切众生皆具，和佛无有差别。法身常在，在凡不减，在圣不增。

鸠摩罗什法师的译本中，在"是诸法空相，不生不灭，不垢不净，不增不减"。的后面，还有一句："是空法，非过去、非未来、非现在。"进一步说明这些空无自相的一切法，三时皆无。《金刚经》中也说："过去心不可得，现在心不可得，未来心不可得。"大家可以相互参照。

是故空中无色，无受、想、行、识。

[译文]

所以空中没有色蕴，也没有受蕴、想蕴、行蕴和识蕴。

[解说]

观自在菩萨接着又对舍利弗说，空中没有五蕴。观自在菩萨一开始从五蕴说起，到这里又说五蕴。观自在菩萨为什么要重复说一遍？其实这并不是重复。

前文是站在五蕴的角度说五蕴，以五蕴为中心。"照见五蕴皆空"、"色不异空，空不异色；色即是空，空即是色"等，都是站在五蕴、站在轮回众生的角度，告诉大家五蕴并非实有，五蕴不异空性，目的是令众生从观五蕴而入空性。

此处说："空中无色，无受、想、行、识。"是站在般若空性的角度，回过头来再看五蕴。

就如当一个人通过修习般若的力量，证得了空性。在空性之中再看以前的五蕴是怎样的呢？就是经中说的，从空性的角度看，没有五蕴。就如一个人醒来，就会明白，梦中的一切，根本就不存在一样。

所以，这是递进和深入的关系，并不是观自在菩萨重复。

无眼、耳、鼻、舌、身、意，无色、声、香、味、触、法[①]。

[译文]

（空中）没有眼处、耳处、鼻处、舌处、身处和意处，也没有色处、声处、香处、味处、触处和法处。

[注释]

①根据经义，此是指十二处，即眼处、耳处、鼻处、舌处、身处、意处、色处、声处、香处、味处、触处和法处。

[解说]

同样，空性之中也没有十二处。

十二处与五蕴的对应关系为：

眼处、耳处、鼻处、舌处、身处，对应五蕴中色蕴所摄的五根（眼根、耳根、鼻根、舌根、身根）。色处、声处、香处、味处、触处，对应五蕴中色蕴所摄的五境（色、声、香、味、触）。意处，对应五蕴中的识蕴。法处，对应五蕴中受蕴、想蕴、行蕴、色蕴中的无表色，再加上五蕴不摄的无为法。

为什么叫十二处呢？《大乘五蕴论》中说："诸识生长门义是处义。"是指六识依托六根六尘而生，亦即六根六尘是六识所生之处。

十二处又称十二入，入是"涉入"的意思，谓根能涉尘，尘能入根，根尘互相涉入而生识，同时也为识之所入，所以称十二入。

十二处和五蕴相比，五蕴因为以积聚为性，所以唯是有为法，如《俱舍论》中说："蕴不摄无为，义不相应故。"而十二处中多了无为法，无为法属于十二处中的法处。

五蕴前面分析了很多，在此不再多说。而无为法本身就无实体可得，故也是空性。由此可知十二处亦是空性。

如果站在空性的角度，正如空性中无五蕴，空性之中也没有十二处。

无眼界，乃至无意识界①。

[译文]

（空中）没有眼界、耳界、鼻界、舌界、身界、意界；没有色界、声界、香界、味界、触界、法界；也没有眼识界、耳识界、鼻识界、舌识界、身识界、意识界。

[注释]

①此指十八界。十八界即眼界、色界、眼识界；耳界、声界、耳识界；鼻界、香界、鼻识界；舌界、味界、舌识界；身界、触界、身识界；意界、法界、意识界。十八界由六根、六尘和六识组成。

[解说]

空性之中也没有所谓的十八界。

十八界与十二处的对应关系为：

十八界中，眼界、色界、耳界、声界、鼻界、香界、舌界、味界、身界、触界十界，对应十二处中的眼处、色处、耳处、声处、鼻处、香处、舌处、味处、身处、触处。

十八界中的眼识界、耳识界、鼻识界、舌识界、身识界、意识界，加上意界，共七界，对应十二处中的意处（也对应五蕴中的识蕴）。

十八界中的法界，对应十二处的法处。

其中意界，不太容易理解，历来也有争论。

《俱舍论》中说：

"识谓各了别，此即名意处，

及七界应知。六识转为意。

由即六识身，无间灭为意。

成第六依故，十八界应知。"

这是说六识各各了别各自的境界，总取相名识蕴，取差别相即六识。识蕴在十二处中立为意处，在十八界中立为六识身及意界共七界。即此六识转为意界，所以六识身就是意界。这样的话，如果立六识界，那十八界就应该为十七界（不需要再立意界）；如果立意界，那十八界就应该是十二界（不需要再立六识界）。

对于这个问题，《俱舍论》说，因为六识身无间灭后，能生后面的识，所以称为意界。因为前五识各有所依，如眼识依眼根，而第六意识没有别的依处，所以立意界，作为第六意识的依处。所以是十八界。

《大乘五蕴论》中也说："意界者，谓即彼识无间灭等，为欲显示第六意识及广建立十八界故。"这段话的意思和《俱舍论》所说基本一致。

唯识宗将识分为八识，并以第七识——末那识为意界，读者可以参考。

为什么叫十八界呢？《俱舍论》说："法种族义是界义。"界是种族的意思，可以简单理解为类别。种族是一个非常有印度传统的词语，因为印度历史上是一个种族制度非常严格的国家。我们现在也说界，比如文艺界、学术界等。

十八界和十二处所摄完全一致，所以亦是空性。站在空性的角度看，亦不存在十八界。

以上五蕴、十二处和十八界，通常称为三科，大小乘皆以此而为基础。三科是佛教对一切法的分类，内容非常丰富，也非常细致。

因为《心经》的重点是般若空性，所以我们对这些内容只是做了非常简单地介绍。若要详细了解，读者可自行阅读《俱舍论》、《大乘广五蕴论》、《大乘阿毗达磨杂集论》等论著。

无无明①，亦无无明尽②，乃至无老死③，亦无老死尽④。

[译文]

（空中）没有无明，也没有无明灭尽，乃至没有老死，也没有老死灭尽。

[注释]

①无明：十二因缘的第一支。无明既指不了知实相本来面目，也指烦恼。因有无明十二因缘相续不断，故轮回不断。

②无明尽：指无明灭尽。因无无明，十二因缘次递不生，故断轮回。

③老死：十二因缘的第十二支。指老、死及一切痛苦。

④老死尽：指老、死及一切痛苦灭尽，获得解脱。

[解说]

十二因缘是缘觉乘主要的修法。

五蕴、十二处和十八界，对我们的内在身心和外部世界作了分科判类，从不同的视角对一切法进行了不同详略的说明。但是蕴、处和界主要是侧重对万法进行静态的、结构上的划分。而十二因缘则从时间和因果关系上，对众生不间断的生命过程进行了论述。

十二因缘将生命的过程分为十二个阶段，循环往复。一无明、二行、三识、四名色、五六入、六触、七受、八爱、九取、十有、十一生、十二老死。

一切众生由最初一念无明开始，便进入了十二因缘无尽的循环之中。即：无明缘行、行缘识、识缘名色、名色缘六入、六入缘触、触缘受、受缘爱、爱缘取、取缘有、有缘生、生缘老死。这个过程称为十二因缘的"流转"。

无明支：无明即是没有智慧光明。《大乘义章》云："言无明者，痴暗之心，体无慧明，故曰无明。"《杂集论》云："无明者，谓三界无智为体。"所以无明是说没有智慧，自心痴暗，不能明了究竟实相。究竟实相是什么？就是每个众生本具的、与佛无二的本来面目。没有智慧认识本来面目，就是无明。

说到无明，很多人会联想到最初产生无明的那一刻。从有了最初无明的那一刻开始，自己就成了一个可怜的众生。那当然是无明，但是无明并不只是指最初的那一念无明，无明还指现在当下的无明，如果你现在明白了究竟实相，你现在就与佛相同。无明还可指过去世所积累的一切烦恼之惑，因为过去没有智慧，所以生起了一切烦恼，这些烦恼覆盖了本性，从而对实相不能明了。

行支：行是造作的意思。由于无明，而有了身、口、意的造作，也就有了善、恶和无记之业。

识支：指投生之识，此识随业受报，在业力的驱使下而投生在六道之中。如果依唯识学说，这里的识即指阿赖耶识，阿赖耶识中含有一切业的种子。

名色支：投胎后，投胎之识与物质的受精卵（即父精母血）相结合，称为"名色"。名色也是五蕴的总称，其中受蕴、想蕴、行蕴和识蕴四蕴称为名，色蕴称为色。因为受、想、行、识四蕴，是心识之法，只有名而无实体，所以称为名。色蕴为极微所成，是有质碍的物体，所以称为色。十二因缘中，人在母胎，渐渐生长，五蕴完具，称为名色支。《涅槃经》中说："入胎五分，四根未具，名为名色。"纳识成胎后即称名色，名色只有身、意二根，尚欠眼、耳、鼻、舌四根，所以说这时"四根未具"。

六入支：也叫六处支。从名色位，到六根完备，因六根对六尘有互相涉入的作用，故名"六入"。六根即眼根、耳根、鼻根、舌根、身根、意根。六尘即色尘、声尘、香尘、味尘、触尘、法尘。《涅槃经》曰："具足四根，未名触时，是名六入。"从六根完具，到出生前，是六入支。

触支：即根尘（境）和合而成触。指出胎后六根与外境之接触。

受支：即领受。指由触生起苦乐等感受。

爱支：由受，对所领受的六尘，心生贪爱。

取支：由贪爱而有所求，求取所爱的六尘，是名为取。

有支：由取而形成后世的业因，因能有果，是名为有。

生支：从业而受生后世之身，是名生。以胎、卵、湿、化四种方式，生于三界六道之中。

老死支：有了受生之身，就必然有老死。诸根衰败叫作老，身坏命终谓之死。有生就不能不死，四大和合的身躯从少到老，无常转变必至于死，这是必然结果。有受生之身，不但会有老死之苦，也会有其他之苦，老死是生后所有苦的代表。

在这十二支中，前者为后者生起之因。即无明缘行、行缘识、识缘名色、名色缘六入、六入缘触、触缘受、受缘爱、爱缘取、取缘有、有缘生、生缘老死，是十二因缘的"流转门"。故而佛说："此有故彼有，此生故彼生。"

十二因缘中，前者若灭，后者亦灭。即无明灭则行灭，行灭则识灭，识灭则名色灭，名色灭则六入灭，六入灭则触灭，触灭则受灭，受灭则爱灭，爱灭则取灭，取灭则有灭，有灭则生灭，生灭则老死忧悲苦恼灭。这是十二因缘的"还灭门",故而佛说:"此无故彼无,此灭故彼灭。"

十二因缘也叫十二有支。这十二支,展转能够感果,所以称为"因";互相由藉而有,所以称为"缘"。因缘相续,生死无际。十二因缘生动地体现了佛教所说因果关系。

《华严经》中讲,第六地(现前地)的菩萨,主要是以十种顺逆观察十二因缘而修习般若度,从而证无生法忍。《华严经》讲解十二因缘非常详细,可以很好地解释《心经》本段经文。

本书以下引号内所引用的经文,出自实叉难陀法师所译八十卷《华严经》第三十七卷。

第六地菩萨对十二因缘的十种观察为:

第一,有支相续观,观十二因缘各支相续不断。

"佛子!此菩萨摩诃萨如是观已,复以大悲为首、大悲增上、大悲满足,观世间生灭,作是念:世间受生皆由着我,若离此着,则无生处。"

众生轮回是因为有我执。

"复作是念:凡夫无智,执着于我,常求有无,不正思惟,起于妄行,行于邪道。"

此为"无明"缘"行"。无智即是痴,痴即无明,因无明而执我。因为本来无我,也无我所,但是因为有了虚幻的我,也就有了虚幻的我所。因为我和我所都是虚幻的,仔细寻求时,又找不到一个实体,所以"常求有无",没有正确的思惟,而有了邪道妄行。

"罪行、福行、不动行,积集增长,于诸行中植心种子,有漏有取,复起后有生及老死。"

此为"行"缘"识"。罪行、福行、不动行,在心中留下业力的种子。这些业力种子的性质是"有漏有取"。"漏"是烦恼,"取"是执取。心中有了业力种子,即是"识",有了"识",就有了轮回。

"所谓:业为田,识为种,无明暗覆,爱水为润,我慢溉灌,见网增长,生名色芽。"

此为"识"缘"名色",说得非常形象。在业力的田地里,种上识的种子,盖上无明的土,以爱的水滋润,以我慢灌溉,以各种知见令其增长,就生出了"名色"的苗芽。

"名色增长生五根,诸根相对生触,触对生受,受后希求生爱,爱增长生取,取增长生有。"

"名色"增长,长出五根,因为前已有识,所以有了"六入"。

"诸根相对生触",《佛说十地经》译为:"诸根转已,递互与识相对有触。"六十卷本《华严经》译为"诸根合故有触"。所以此处可理解为五根与识相对生触,也可理解为诸根、境、识三者相对生触。

有了"触",与"触"相对,心就会而生起苦乐之"受"。

有了"受"之后,因为希求,而生"爱"。

"爱"增长,就有了"取"。

"取"增长,就有了"有",积集了投生之业。

"有生已,于诸趣中起五蕴身名生。生已衰变为老,终殁为死。于老死时,生诸热恼;因热恼故,忧愁悲叹,众苦皆集。"

因"有"而在六道中投生,有了具足五蕴的身体,就为"生"。

五蕴身"生"后,逐渐衰变,称为"老",最终殁没,称为"死"。在"老死"时,更伴随各种热恼,忧愁悲叹等各种苦。

"此因缘故集,无有集者,任运而灭,亦无灭者。菩萨如是随顺观察缘起之相。"

菩萨观察十二因缘,明白一切众生流转轮回,只是因缘合而有,没有聚集者;当因缘散了,自然就会坏灭,也没有一个主宰使其散灭。

此段是观察由"无我执我"而有的十二因缘。

"佛子!此菩萨摩诃萨复作是念:于第一义谛不了故名无明,所作业果是行,行依止初心是识,与识共生四取蕴为名色,名色增长为六处,根、境、识三事和合是触,触共生有受,于受染着是爱,爱增长是取,取所起有漏业为有,从业起蕴为生,蕴熟为老,蕴坏为死,死时离别,愚迷贪恋,心胸烦闷为愁,涕泗咨嗟为叹,在五根为苦,在意地为忧，忧苦转多为恼。如是但有苦树增长，无我，无我所，无作，无受者。"

上一段以"无智"为"无明"，此以"不了第一义谛"为"无明"。

第一义谛，即真如实相或空性，因为对此不明白，有所造作，所作业果即是"行"。此"行"所依止的初心，即为"识"。与识相伴而生的四取蕴——色、受、想、行四蕴，即是"名色"。名色增长是"六处"（即"六入"）。"六处"完备后，根、境、识三者和合是"触"。与触相伴而生的是"受"……如是只有痛苦的大树增长，无我，无我所，无作者，无受者。

由本段经文，可以看出十二因缘"老死"支，还包括了各种各样的苦，"老死"只是这些苦的典型代表。

"复作是念：若有作者，则有作事；若无作者，亦无作事，第一义中俱不可得。"

因为如果有作者，才有所作之事；如果没有作者，当然也就没有所作之事，这一切在第一义中都不可得，我、法俱空。

第二，摄归一心观，观十二因缘本自一心。

"佛子！此菩萨摩诃萨复作是念：三界所有，唯是一心。如来于此分别演说十二有支，皆依一心，如是而立。何以故？随事贪欲与心共生，心是识，事是行，于行迷惑是无明，与无明及心共生是名色，名色增长是六处，六处三分合为触，触共生是受，受无厌足是爱，爱摄不舍是取，彼诸有支生是有，有所起名生，生熟为老，老坏为死。"

三界唯心，十二因缘同样依心而立，为一心所摄。

伴随着事（行为），贪欲与心一起生起，这个心就是"识"，这个事就是"行"。这里当然不仅仅是贪欲，其他的烦恼也包括在内。对"行"的迷惑是"无明"。心与无明共生是"名色"。名色增长是"六处"。六处根、尘、识三者合而生"触"……

三界唯心，心是空性，如果了知心性本空，则十二因缘亦空。

第三，自业差别观，观十二因缘各自的作用。

十二因缘的每一支，经中都说了两种作用。一是自身的作用，二是引生下一支。第二种作用容易理解，此处重点说第一种作用。

"佛子！此中无明有二种业：一令众生迷于所缘；二与行作生起因。"

"无明"有二种作用：一是令众生对所缘产生迷惑；二是作为"行"的生起因。"所缘"是相对"能缘"来说的，是被缘取的对象。比如我们用心观察一朵花，这朵花就是"所缘"，心是"能缘"。"生起因"又称为"生因"，指依此能令生起未来之果。

"行亦有二种业：一能生未来报；二与识作生起因。"

"行"的作用一是能引生未来的果报；二是作为"识"的生起因。

"识亦有二种业：一令诸有相续；二与名色作生起因。"

"识"的作用一是能令相续受生；二是作为"名色"的生起因。

"名色亦有二种业：一互相助成；二与六处作生起因。"

"名色"的作用一是心识（名）和物质身体（色）二者能互相资助；二是作为"六处"的生起因。

"六处亦有二种业：一各取自境界；二与触作生起因。"

"六处"的作用一是缘取各自的境界，如眼缘色、耳缘声；二是作为"触"的生起因。

"触亦有二种业：一能触所缘；二与受作生起因。"

"触"的作用一是与所缘接触；二是作为"受"的生起因。

"受亦有二种业：一能领受爱憎等事；二与爱作生起因。"

"受"的作用一是能领纳爱、憎、苦、乐等事；二是作为"爱"的生起因。

"爱亦有二种业：一染着可爱事；二与取作生起因。"

"爱"的作用一是染着可爱之事；二是作为"取"的生起因。

"取亦有二种业：一令诸烦恼相续；二与有作生起因。"

"取"的作用一是能使各种烦恼相续不断；二是作为"有"的生起因。

"有亦有二种业：一能令于余趣中生；二与生作生起因。"

"有"的作用一是能令在六道之中受生；二是作为"生"的生起因。

"生亦有二种业：一能起诸蕴；二与老作生起因。"

"生"的作用一是能够生起色等诸蕴；二是作为"老"的生起因。

"老亦有二种业：一令诸根变异；二与死作生起因。"

"老"的作用一是令六根变异衰败；二是作为"死"的生起因。

"死亦有二种业：一能坏诸行；二不觉知故相续不绝。"

"死"的作用一是能坏一切此生一切行（六十卷本《华严经》译为"坏五阴身"）；二是因为不觉知，使众生相续不断。此处"不觉知"即是指"无明"，说明了"死"能引生"无明"，十二因缘相续不断。

第四，不相舍离观，是说十二因缘前后各支相依而有。

"佛子！此中无明缘行，乃至生缘老死者，由无明乃至生为缘，令行乃至老死不断，助成故。无明灭则行灭，乃至生灭则老死灭者，由无明乃至生不为缘，令诸行乃至老死断灭，不助成故。"

无明缘行，是以无明为缘，令行不断，无明有助行成立的作用。直到生缘老死，是以生为缘，令老死不断，生有助老死成立的作用。

无明灭则行灭，是没有了无明，行自然就会灭，因为没有了能助行成立的因，因灭故果灭。直到生灭，老死自然会灭。

第五，三道不断观，是说十二因缘流转与烦恼、业、苦三道的关系。

"佛子！此中无明、爱、取不断是烦恼道，行、有不断是业道，余分不断是苦道。前后际分别灭，三道断。如是三道，离我、我所，但有生灭，犹如束芦。"

十二因缘中，无明、爱、取三者，属于烦恼；行、有二者，属于业；其他七支属于苦。从三道说，由烦恼起业，由业感苦，由苦复起烦恼，辗转相生，生死不绝。十二因缘的流转不断，三道就不会中断。十二因缘的前后际分别灭除，三道就会断绝。

烦恼、业和苦三者，只是缘生缘灭的现象，并无我和我所，就像束芦一样。束芦的比喻，是说烦恼、业、苦三者，就像三个绑在一起的芦苇，相互支撑才能立住，如果拿走一根，就会倒掉。所以三者是相待而有，不能独存，性空无我。

第六，过去、现在、未来观，观察十二因缘与三时的关系。

"复次，无明缘行者，是观过去；识乃至受，是观现在；爱乃至有，是观未来。于是以后，展转相续。无明灭行灭者，是观待断。"

十二因缘中，无明和行，属过去；识、名色、六处、触、受，属现；爱、取、有三者，属未来。有（业）能令未来受生，以至老死，相继不断。

无明灭则行灭等，是观待断。观待是指相对的、有条件的。这里说观待断是指因为无明的因没有了，所以行的果也就不会生起，行与无明相观待。

十二因缘通常还有一种分法：无明和行，属于过去世；识、名色、六处、触、受、爱、取、有，属现在世；生和老死，属未来世。体现三世因果的关系。

第七，三苦聚集观，将十二因缘与三种苦对应。

"复次，十二有支名为三苦。此中无明、行乃至六处是行苦，触、受是苦苦，余是坏苦。无明灭行灭者，是三苦断。"

十二因缘中，无明、行、识、名色、六处，属于行苦；触、受属于苦苦；爱、取、有、生、老死，属于坏苦。

三苦者：由苦事之成而生苦恼者，为苦苦；由乐事之去而生苦恼者，为坏苦；行是迁流之义，由一切法之迁流无常而生苦恼者，称行苦。

因无明到六处五支，其苦微细难知，故属行苦；触、受二支，是对苦的直接接触和领受，故属苦苦；爱等五支，是容易觉知的无常变坏之苦，故属坏苦。

无明灭故行灭等十二因缘灭，是三苦的断绝。

第八，因缘生灭观，观十二因缘本身即是缘起法。

"复次，无明缘行者，无明因缘能生诸行；无明灭行灭者，以无无明，诸行亦无，余亦如是。"

无明缘行，是以无明的因缘能生起诸行；无明灭行灭，是离开无明的因缘，诸行也不复存在。十二因缘其他支也是如此。

第九，生灭系缚观，观系缚的生与灭。

"又无明缘行者，是生系缚；无明灭行灭者，是灭系缚。余亦如是。"

系缚，指众生之身心被烦恼、妄想或外界事物所束缚而失去自由，长时流转于生死之中。所以无明缘行，是产生系缚；无明灭行灭，是灭除系缚。其他支也是如此。

第十，无所有尽观，观十二因缘的无所有和灭尽。

"又无明缘行者，是随顺无所有观；无明灭行灭者，是随顺尽灭观。余亦如是。"

无明缘行，是随顺无所有观，观无所有；无明灭行灭，是随顺尽灭观，观尽和灭。其他支也是如此。

《华严经》中说，通过对十二因缘的十种观察，可以知无我、无人、无寿命、自性空、无作者、无受者，即得到空解脱门。观十二因缘的各支皆自性灭，毕竟解脱，无少法相，即得无相解脱门。入空和无相解脱门后，无有愿求，唯除大悲教化众生，即得无愿解脱门。

因为《心经》是一部阐述般若核心要义的经典，所以观自在菩萨站在般若空性的角度，直接以"无无明，亦无无明尽；乃至无老死，亦无老死尽"一句话，对十二因缘做了总结：没有无明，也没有无明灭尽，没有老死，也没有老死灭尽。

无苦①、集②、灭③、道④。

[译文]

（空中）无苦、集、灭、道四圣谛法。

[注释]

①苦：指四圣谛之苦谛。三界六道一切众生，一切果报，毕竟苦患，无有安乐之性，此理决定真实，谓之苦谛。

②集：指四圣谛之集谛。轮回中的一切苦，是由烦恼和业等集聚而起，此理决定真实，谓之集谛。

③灭：指四圣谛之灭谛。生苦之因永除，得寂静涅槃，谓之灭谛。

④道：指四圣谛之道谛。获得涅槃灭谛之道，谓之道谛。

[解说]

四圣谛是声闻乘主要的修法。

四圣谛简称四谛，谛即真理。佛陀成道后，给弟子最先讲的法，就是四圣谛教法——知苦、断集、证灭、修道。

在四圣谛中，佛陀最先讲苦谛。佛讲苦谛，是为了让众生看清轮回痛苦的本质，生起寻求解脱的出离心。佛经中对苦的讲解非常详细，所有六道众生都受到不同痛苦的逼迫。简而言之，地狱道的众生，会遭受时间极长、程度极剧、片刻不息的冷热之苦；饿鬼道的众生，会遭受难忍的饥渴之苦；畜生道的众生会遭受愚昧、互相吞食、劳役等苦；人道众生会遭受生、老、病、死、爱别离、怨憎会、求不得、五阴炽盛等苦；阿修罗道众生，会遭受争战不息之苦；天道众生，会遭受死时下堕之苦。六道众生所遭受的这些痛苦，又可归于上文所说的三苦——苦苦、坏苦、行苦之中。

苦只是结果，那苦的因是什么呢？这就是佛陀所讲的集谛。一般人习惯地将自身所遭受的痛苦归结到其他人或外部事物上，或者认为是自己运气太差等，但佛教认为这些仅仅是外缘，真正的原因是自己过去所造的恶业，在条件成熟时，就产生了痛苦的果。

集谛，也叫苦集谛，是在讲苦产生的原因。集是招聚义，集谛主要是业和烦恼，以过去造的种种的业为因，在外缘具足时就会引生果。而业又由烦恼所生，所以烦恼是产生苦的根本原因。

佛教认为烦恼有八万四千种，这是说烦恼之多。粗略地讲，烦恼可分为六根本烦恼和二十种随烦恼。

六根本烦恼：指贪、嗔、痴、慢、疑、不正见。因不正见又分身见、边见、邪见、见取见、戒禁取见五种，所以六根本烦恼也可进一步细分为十根本烦恼。

二十种随烦恼伴随六根本烦恼而生，所以称为随烦恼。随烦恼又分为小随、中随和大随三种。

小随烦恼有十个：忿、恨、覆、恼、嫉、悭、诳、谄、害、憍。

中随烦恼有二个：无惭、无愧。

大随烦恼有八个：掉举、惛沉、不信、懈怠、放逸、失念、散乱、不正知。

灭谛，即苦集灭，灭一切烦恼、业和苦。由于断除了贪、嗔、痴等烦恼，就不会再造业，也就不会再有苦。灭谛即是通常所说的涅槃。

涅槃分有余依涅槃和无余依涅槃。依，指有漏之依身，对人类来说，就是我们生命依靠的这个身体。有余依涅槃，指虽然烦恼永尽，已断生死之因，然犹余有漏依身而色心相续，所以称有余依涅槃。无余依涅槃，指烦恼断尽，所余五蕴之身亦灭，失去一切有为法的所依，自然归于灭尽，众苦永寂，所以称无余依涅槃。这两种涅槃同为一体，只是无余依涅槃是在有漏依身命终之时才有。

灭谛涅槃是无为法。通常我们很难理解无为法，因为我们的思维本身是有为法，离不开语言文字。无为的涅槃境界唯有亲自证悟才能知道。所以经说："语言道断，心行处灭，非妄想凡夫所能臆测。"涅槃并非因缘所生，不是常，也不是断；不是有，也不是无；不是苦，也不是乐。涅槃超越了生死、常断、有无、苦乐等一切二边。

既然涅槃无法用语言描述，那佛也只能相似地描述给我们听。但佛把到达涅槃的方法——道谛——告诉了我们，我们通过自己的实修，有一天亲证灭谛，一切自然就都知道了，这就是人们常说的"如人饮水，冷暖自知"。

道谛，是获得出灭谛的方法。在佛最初所讲的四谛法中，道谛主要是指三十七道品，依照此三十七法而修，即可次第趋于解脱。

三十七道品分为四念处、四正勤、四如意足、五根、五力、七觉支、八正道。

四念处：念谓心念，处谓念所住之处。一、身念处，观身不净。二、受念处，观受是苦。三、心念处，观心无常。四、法念处，观法无我。

四正勤：正谓不邪，勤谓不怠。一、已生恶，令永断。二、未生恶，令不生。三、未生善，令生起。四、已生善，令增长。

四如意足：谓所修之法，如愿满足。一、欲如意足，谓希慕所修之法，如愿满足。二、精进如意足，谓于所修之法，专注一心，无有间杂，如愿满足。三、念如意足，谓于所修之法，记忆不忘，如愿满足。四、思惟如意足，谓心思所修之法，不令忘失，如愿满足。

五根：根即能生之义，谓此五根，能生一切善法。一、信根，信于正道。二、精进根，修习正法，无间无杂。三、念根，于正法记忆不忘。四、定根，摄心不散。五、慧根，于诸法观照明了。

五力：力即力用，能破恶成善。一、信力，能破疑惑。二、精进力，能破身心懈怠，成办出世之事。三、念力，能破诸邪念，成就出世正念功德。四、定力，能破诸散乱，成就禅定。五、慧力，能破烦恼，成就智慧。

七觉分：觉即觉了，分即支分。一、择法觉分，能拣择诸法真伪。二、精进觉分，修诸道法，无有间杂。三、喜觉分，契悟真法，故得欢喜。四、除觉分，断除诸见烦恼。五、舍觉分，舍离所见念着之境。六、定觉分，觉了所发之禅定。七、念觉分，思惟所修之道法。

八正道：不邪曰正，能通曰道。一、正见，能见真理。二、正思惟，心无邪念。三、正语，言无虚妄。四、正业，唯行善业。五、正命，依正法活命。六、正精进，修诸道行，无有间杂。七、正念，专心忆念善法。八、正定，身心清净，入无漏定。

在《佛遗教经》中，佛在涅槃前，向弟子们说完最后的教诫后，对弟子们说："汝等若于苦等四谛有所疑者，可疾问之，无得怀疑不求决也。"问了三次，无人提问。这时，天眼第一的阿那律尊者对佛说："世尊！月可令热，日可令冷，佛说四谛，不可令异。佛说苦谛，真实是苦，不可令乐；集真是因，更无异因；苦若灭者，即是因灭，因灭故果灭；灭苦之道，实是真道，更无余道。世尊！是诸比丘，于四谛中，决定无疑。"由此可见，四圣谛教法，不但是佛最早所说教法，也是佛最后所嘱教法，实是佛教的根基。

回到《心经》，虽然四圣谛教法如此重要，但在观自在菩萨般若智慧的观照之下，仍是空性所摄。无论是众生身心，还是依于身心的各种苦（苦谛）、各种烦恼（集谛），或是依此建立的三十七道品法（道谛），以及所证灭谛，均无自性，无相无生。因此观自在菩萨说："无苦、集、灭、道。"

无智①，亦无得②。

[译文]

（空中）没有智，也没有得。

[注释]

①智：《俱舍论颂疏》说"决断名智"，如果心中还有疑惑，就不叫智。比如有人修般若，亲证了一切法为空，再没有任何疑惑，这叫般若智。如果还没亲证，只是相信一切法为空，这叫般若见。

②得：心不相应行法之一。《大乘五蕴论》中说："云何为得？谓若获、若成就。此复三种，谓若种子、若自在、若现前，如其所应。"

[解说]

智的特点是决断无疑。比如前面说四谛法，在《佛遗教经》中阿那律尊者对佛说的，月亮可以变热，太阳可以变冷，但是佛说四谛不能改变……处处充满着决断。最后说道："世尊！是诸比丘，于四谛中，决定无疑。"可见，当时在场大众，均已获得对四谛决定之智。

智，依《俱舍论》，有十种智：一、世俗智，二、法智，三、类智，四、苦智，五、集智，六、灭智，七、道智，八、他心智，九、尽智，十、无生智。这十种智分为有漏智和无漏智。世俗智为有漏智，法智和类智为无漏智。法智和类智，由于所缘境的不同，分为苦智、集智、灭智、道智。法智缘欲界的苦、集、灭、道四谛为境。类智缘色界和无色界的苦、集、灭、道四谛为境。至无学位，自正知已知苦、已断集、已证灭、已修道，为尽智。自正知已知苦，不复更知、已断集，不复更断、已证灭，不复更证、已修道，不复更修，为无生智。他心智指知其他众生心之智，他心智是依法智、类智、道智、世俗智四种智而有。

若依《现观庄严论》，整个般若以三智所摄，即遍智（也叫一切种智、一切相智）、道智（也叫道种智、道相智）和基智（也叫一切智）。遍智是佛的智慧，佛智对于世出世间的一切法，完全了知，所以是遍智。道智是菩萨的智慧，菩萨智慧能了知三圣道——见道、修道、无修道无有自性，并现证空性。基智是现证人无我的智慧。

我们常说佛有三身四智或五身五智，四智或五智是佛智的细分。四智即大圆镜智、平等性智、妙观察智、成所作智。五智再加法界体性智。

得，简单理解是前无今有为得。如果严格定义，依《大乘五蕴论》，得是心不相应行法，"谓若获、若成就"。什么是获和成就呢？《俱舍论》中说，从没有到有的第一个刹那，这个法正在生的时候，叫获；如果这个法已经生起，这时叫成就。得有种子成就、自在成就、现前成就三种。种子成就，比如有人造了业，心里就有了业力的种子，虽然业果还没有表现出现，但是因种子已有，因缘成熟时就会感果，所以叫种子成就。自在成就，比如阿罗汉修成了神通，想用就用，不想用就不用，随心自在，这叫自在成就。现前成就，比如这个阿罗汉正在用这个神通，神通正在现前，这叫现前成就。

声闻和缘觉乘的行者，依靠各自的智慧，最终获得阿罗汉或者辟支佛的果位。菩萨依靠般若智慧，最后会获得佛果。获得佛果，即具有佛的遍智，佛的十力、四无畏、十八不共法等，都是佛智显现出的功德。

前文所说五蕴、十二处、十八界、十二因缘、四圣谛等，在般若智慧的观照下，皆与空性不二。五蕴等是所观，般若智是能观。所观既空，能观亦空。如果能观之智不空，则必不能观一切法空。以智慧本体亦是空性，故经中说"无智"。

既然人法皆空，境智俱泯，最后得到什么呢？当然是"无得"。《金刚经》中，更为详细讲说了声闻四果及佛果的无得之理。我们回忆一下其中关于佛果的一段对话：

"须菩提白佛言：'佛得阿耨多罗三藐三菩提，为无所得耶？'

"佛言:'如是,如是。我于阿耨多罗三藐三菩提,乃至无有少法可得,是名阿耨多罗三藐三菩提。复次,须菩提,是法平等,无有高下,是名阿耨多罗三藐三菩提。'"

施护法师译本中,在此之后还有一句"亦无无得",法成法师译为"亦无不得"。

其实,说到"无得",也就说完了。但是有人听到"无得",就会执着这个"无得",所以经中又说"亦无无得"。

所以,真正的空性智慧超越一切概念思维。就如人从梦中醒来,再看梦中之事,不能说有,也不能说无,但醒来不是断灭,醒来超越了梦。

以无所得故,菩提萨埵①,依般若波罗蜜多故,心无挂碍②。无挂碍故,无有恐怖,远离颠倒梦想,究竟涅槃③。

[译文]

由于无所得的原故,菩提萨埵,依靠般若波罗蜜多,心无牵挂,亦无障碍。因为没有了挂碍,也就没有了恐怖,远离了颠倒的梦想,从而获得究竟的涅槃。

[注释]

①菩提萨埵:简称菩萨,菩提是觉义,萨埵是有情义,菩提萨埵即是觉有情,自觉觉他,称为菩萨。

②挂碍:挂指牵挂、牵念;碍指阻碍、障碍。

③涅槃:又译作"泥洹",本义指火的熄灭或风的吹散,在佛教中指灭生死、灭烦恼而达到的无为解脱的境界,意译为"灭"、"圆寂"、"灭度"、"寂灭"等。

[解说]

"以无所得故"一句,根据施护和法成两位法师的译本,非为进一步说明上一句的"无得",而是承前启后,开显后面的经文。

施护法师此处译为:"舍利子!由是无得故,菩萨摩诃萨依般若波罗蜜多相应行故,心无所著亦无挂碍;以无著无碍故,无有恐怖,远离一切颠倒妄想，究竟圆寂。"

法成法师此处译为："是故舍利子！以无所得故，诸菩萨众依止般若波罗蜜多，心无障碍，无有恐怖，超过颠倒，究竟涅槃。"

前面说，因为甚深般若，照见五蕴皆空，可以入空解脱门。因诸法空相，无五蕴、无十二入、无十八界、无十二因缘、无四圣谛、无智亦无得，可入无相解脱门。因无所得，则于一切无所愿求，若无愿求，则无造作，可入无愿（无作）解脱门。

依靠甚深般若的力量，菩萨知一切法无相、一切法平等、一切法无作，故而心无所着，了无牵挂，内外一切，如幻如化，通透明了，不复为碍。因无着无碍，再也不会有任何恐惧。也因为无所得，菩萨也不会对一切有任何期待。

期望和恐惧，是推动我们不断造业轮回的两种动力，也是我们内心深处的两种背景音。比如，我们都希望被人称赞，害怕受到批评；希望得到，害怕失去；希望快乐，害怕痛苦；希望名扬四海，害怕默默无闻。我们希望长寿，害怕死亡；希望子孙满堂，害怕孤独终老；希望儿女成才，担心子女无能……我们就在各种期望和恐惧的支配下，不断地追求，不断地奋斗。有时斗志昂扬，有时畏惧不前，一直到生命的尽头。

菩萨则不是这样，菩萨以洞见空性的智慧，超越了希望和恐惧。菩萨帮助众生，不希望有任何回报，甚至不希望众生对其有感恩之心。菩萨为度众生，即便是地狱，亦毫无畏惧，欣然奔赴。菩萨不向往涅槃，亦不惧于轮回，因为对于了悟实相的菩萨来说，烦恼即是菩提，生死即是涅槃。菩萨以大悲心度脱众生，而无众生之相。

即便我们达不到菩萨的境界，从现实生活讲，如果心中少一些期望与恐惧，生活也会多一些轻松与快乐，少一些压力和痛苦。

在菩萨看来，众生的一切观念和行为，都是颠倒梦想。《俱舍论》中提到众生的四种颠倒：世间无常执常、于诸苦执乐、于无我执我、于不净执净。

众生由于无明，把菩提变成了烦恼，然后就在这场虚幻的大梦之中，幻生幻死，不能解脱。菩萨就是要把众生颠倒的再颠倒过来，所思所行与众生正好相反。我们以菩萨六度为例做个简单说明。

众生追求财富，却不知财富的因是布施，反因悭吝而贫困。菩萨反之，以欢喜心布施一切，甚至是自己的身命，以智慧故，知三轮体空，无布施者，无受施者，无所施物，布施度圆满。

众生追求健康，却不知健康的因是不害众生，反行害生之事。菩萨反之，以欢喜心持戒，即便付出生命，也绝不伤害众生，以智慧故，持戒清净而无骄矜之心，持戒度圆满。

众生喜人恭敬，却不知受人恭敬之因在于忍辱，反行霸凌之事。菩萨反之，以欢喜心忍一切恼害，即使身受割截，亦无嗔恨之心，以智慧故，无人、我之相，忍辱度圆满。

众生喜欢速成，幻想不劳而获，稍遇困苦，便生退怯。菩萨反之，以欢喜心奉行一切善法，虽经无量劫，亦不厌倦。以智慧故，知行如幻，精进度圆满。

众生贪于喜乐，却不知喜乐由内心而生，以散乱心向外驰求，终招苦痛。菩萨反之，以欢喜心入于禅定，身心安乐，法喜充满。以智慧故，无贪无着，禅定度圆满。

众生迷于妄相，以一切为实有，不见真谛，徒受痛苦。菩萨反之，知诸法性空，不生不灭，唯以大悲心，不舍众生，虽处轮回，不异涅槃，智慧度圆满。

菩萨因般若智慧，远离了一切希望与恐惧，从无明的大梦中醒来，再也没有了颠倒的见地和行为，这样的结果，必然是证得究竟的涅槃。

然而众生离菩萨很远吗？其实也只差一个上求佛道、下化众生的发心。离佛很远吗？《坛经》说："凡夫即佛，烦恼即菩提。前念迷即凡夫，后念悟即佛。前念著境即烦恼，后念离境即菩提。"其中关键，全在般若波罗蜜多！

三世[①]诸佛，依般若波罗蜜多故，得阿耨多罗三藐三菩提[②]。

[译文]

三世一切诸佛，都是依靠般若波罗蜜多，得证无上正等正觉。

[注释]

①三世：指过去世、现在世、未来世。

②阿耨多罗三藐三菩提：梵语，汉译为无上正等正觉，即指佛果。

[解说]

此处是讲般若之果，即是阿耨多罗三藐三菩提——佛果。

过去的诸佛，已经依靠般若波罗蜜多，证得了无上正等正觉；现在的诸佛，也是依靠般若波罗蜜多，证得无上正等正觉；未来的诸佛，也会依靠般若波罗蜜多，得证无上正等正觉。

《坛经》中也说："善知识！摩诃般若波罗蜜，最尊最上最第一，无住无往亦无来，三世诸佛从中出。"

也许大家会问，《心经》不是讲一切皆空吗，怎么到这里又说菩萨"究竟涅槃"，又说诸佛"得阿耨多罗三藐三菩提"呢？

这是观自在菩萨又回到了众生的角度，开示般若的功德，使众生对般若生起信心和希求心，从而依般若修行，获得真实的利益。

故知般若波罗蜜多，是大神咒①，是大明②咒，是无上咒，是无等等咒，能除一切苦，真实不虚。故说般若波罗蜜多咒。

[译文]

因此知道般若波罗蜜多，是大神咒，是大明咒，是无上咒，是无等等咒，能够灭除一切苦，真实不虚。所以我当宣说般若波罗蜜多咒。

[注释]

①咒：佛教中的咒，又译为真言，是佛菩萨的密语。咒的种类比较多，有些咒是鬼神王之名号；有些咒是佛菩萨的名号；有些咒是秘密的法义；有些咒是空性中自然显现的声音；有些咒是兼而有之等。咒因其含义丰富，属译经时的五种不翻之一。

②明：一、指觉悟，即无明的反面。二、指某一类的咒文，常译为明咒，尤其指能带来觉悟的经典或咒语，如经中常说般若即是明咒。三、指某一方面的知识和能力，比如佛教常说的五明，即是指工巧明、医方明、声明、因明和内明。

[解说]

由于以上所说，可以知道般若波罗蜜多本身就是一个大大的咒语。前文我们说过，玄奘法师西去途中，每遇危难，都通过持诵《心经》而化解。《坛经》中也有类似的说法，如："师升座，告大众曰：'总净心念摩诃般若波罗蜜多。'"

玄奘法师在这里直接用的是"咒"；在其他译本中，罗什法师用的是"明咒"；施护译师用的是"明"；智慧轮译师用的是"真言"。

罗什法师译本："故知般若波罗蜜，是大明咒，无上明咒，无等等明咒，能除一切苦，真实不虚。"

施护法师译本："是故，应知般若波罗蜜多，是广大明，是无上明，是无等等明，而能息除一切苦恼，是即真实无虚妄法，诸修学者当如是学。"

智慧轮法师译本："故知般若波罗蜜多，是大真言，是大明真言，是无上真言，是无等等真言。能除一切苦，真实不虚。"

智慧轮法师和玄奘法师所译基本上一样的，只是用"真言"代替了"咒"，"真言"和"咒"是梵语同一个词的两种不同译法。施护法师使用的是"明"。在梵语中，"明"和"咒"是两个不同的词。可能是所依版本不同，或更倾向于表达般若波罗蜜多能令人觉悟这个方面。罗什法师用的是"明咒"，而且经的名字也译为《摩诃般若波罗蜜大明咒经》，或许罗什法师认为此处的咒语既是"明"也是"咒"。以上这些仅作为一些探讨，并无结论，更不会影响对《心经》的理解。

"大"可以理解为"完全"，其体大，无所不包；其相大，超一切相；其用大，周遍一切。

"大神咒"，是说此咒有完全的、神奇的威力，能除一切魔障，持此咒能满一切所愿。

"大明咒"，是说此咒有完全灭除无明痴暗之力，持此咒能得大智慧。

"无上咒",是说此咒无上,更无咒语在其之上,持此咒能得无上之理。

"无等等咒",是说此咒无与伦比,更无与之能相等者,持此咒能获极妙觉果。

"能除一切苦",是总说般若波罗蜜多的功德。此处说一切苦,不但包括我们能感受到的粗大的苦,也包括我们无所觉察的微细的苦,比如行苦;不但能除人间之苦,也能除其他道众生之苦;不但能除暂时之苦,也能除无明所生长久轮回之苦。

"真实不虚",般若波罗蜜多能灭一切苦,这是观自在菩萨及无量佛菩萨所亲证,本自真实,毫无疑问,但观自在菩萨唯恐人们不信,仍苦口婆心,再再劝说。

观自在菩萨以大悲著称,当然能够利益众生的一切方法,都会毫无保留地教给大家。因为般若波罗蜜多咒有如此无比的力量与功德,所以观自在菩萨要向舍利子、在场的大众以及未来一切众生宣说此般若波罗蜜多咒,以使大家获得相应的利益。

即说咒曰:揭谛揭谛,波罗揭谛,波罗僧揭谛,菩提萨婆诃。

[译文]

随即宣说般若波罗蜜多咒:揭谛揭谛,波罗揭谛,波罗僧揭谛,菩提萨婆诃。

[解说]

于是观自在菩萨宣说了著名的般若波罗蜜多咒:

揭谛揭谛,波罗揭谛,波罗僧揭谛,菩提萨婆诃。

这个咒语也是般若佛母的咒语。般若佛母是诸佛之母,这也表明了一切诸佛皆由般若而生的道理。

最后这段咒语,是密说般若。前面的内容,是显说般若。

咒语一般不翻译含义,只是持诵就可以了。这个咒语也不长,很容易持诵。《妙法莲花经》说:"若人散乱心,入于塔庙中,一称南无佛,皆已成佛道。"所以即便是散乱心持咒,也一定能在未来获得智慧。当然能够一心不乱地诵持更好。正如本经所说，无智亦无得，所以一心持诵就好，不要抱有什么期待，这样就会与般若相应。

玄奘法师的译本就此就结束了。我们还是以施护大师的译本，看看后面的内容：

"舍利子，诸菩萨摩诃萨，若能诵是般若波罗蜜多明句，是即修学甚深般若波罗蜜多。"

观自在菩萨告诉舍利子，一个菩萨，不论是初发心菩萨，还是大菩萨，如果能够持诵般若波罗蜜多咒语，就是在修学甚深的般若波罗蜜多。由此可见，修学甚深的般若波罗蜜多，一般人都能做到，并不需要特殊的能力。

"尔时，世尊从三摩地安详而起，赞观自在菩萨摩诃萨言：'善哉，善哉！善男子！如汝所说，如是，如是！般若波罗蜜多当如是学，是即真实最上究竟，一切如来亦皆随喜。'"

这个时候，佛安详地出定了，赞叹大菩萨观自在说："很好，很好！善男子！就像你说的，是这样，是这样！般若波罗蜜多应该这么学，这就是真真正正的最上的究竟之法。如果谁能够这样修学般若，所有的如来也都会随喜。"

整个《心经》的核心内容，都是观自在菩萨说的，佛并没有说一个字，佛只是在入定。观自在菩萨说完了，佛出定印证，证明观自在菩萨所说真实无误。由佛印证的佛经，与佛亲口所说的佛经，是一样的。

"佛说此经已，观自在菩萨摩诃萨并诸苾刍，乃至世间天、人、阿修罗、乾闼婆等一切大众，闻佛所说，皆大欢喜，信受奉行。"

佛说完了这部经典，在场的观自在菩萨、佛的比丘弟子们、还有世间的天人、人、阿修罗、乾闼婆等一切大众，听完佛说的经典，都生起很大的欢喜心，并且信受奉行。

《心经》七种译本

般若波罗蜜多心经

唐三藏法师玄奘奉　诏译

观自在菩萨,行深般若波罗蜜多时,照见五蕴皆空,度一切苦厄。

"舍利子!色不异空,空不异色;色即是空,空即是色。受、想、行、识,亦复如是。

"舍利子!是诸法空相,不生不灭,不垢不净,不增不减。

"是故空中无色,无受、想、行、识。无眼、耳、鼻、舌、身、意,无色、声、香、味、触、法。无眼界,乃至无意识界。无无明,亦无无明尽,乃至无老死,亦无老死尽。无苦、集、灭、道。无智,亦无得。

"以无所得故,菩提萨埵,依般若波罗蜜多故,心无挂碍。无挂碍故,无有恐怖,远离颠倒梦想,究竟涅槃。三世诸佛,依般若波罗蜜多故,得阿耨多罗三藐三菩提。

"故知般若波罗蜜多,是大神咒,是大明咒,是无上咒,是无等等咒。能除一切苦,真实不虚。故说般若波罗蜜多咒。"

即说咒曰:

"揭谛揭谛,波罗揭谛,波罗僧揭谛,菩提萨婆诃。"

般若波罗蜜多心经

摩诃般若波罗蜜大明咒经

后秦三藏鸠摩罗什 译

观世音菩萨,行深般若波罗蜜时,照见五阴空,度一切苦厄。

"舍利弗!色空故无恼坏相,受空故无受相,想空故无知相,行空故无作相,识空故无觉相。何以故?舍利弗!非色异空,非空异色;色即是空,空即是色。受、想、行、识,亦复如是。

"舍利弗!是诸法空相,不生不灭,不垢不净,不增不减。是空法,非过去、非未来、非现在。

"是故空中无色,无受、想、行、识。无眼、耳、鼻、舌、身、意,无色、声、香、味、触、法。无眼界,乃至无意识界。无无明,亦无无明尽,乃至无老死,无老死尽。无苦、集、灭、道。无智,亦无得。

"以无所得故,菩萨依般若波罗蜜故,心无挂碍。无挂碍故,无有恐怖,离一切颠倒梦想苦恼,究竟涅槃。三世诸佛,依般若波罗蜜故,得阿耨多罗三藐三菩提。

"故知般若波罗蜜,是大明咒,无上明咒,无等等明咒,能除一切苦,真实不虚。故说般若波罗蜜咒。"

即说咒曰:

"竭帝竭帝,波罗竭帝,波罗僧竭帝,菩提僧莎呵。"

摩诃般若波罗蜜大明咒经

佛说圣佛母般若波罗蜜多经

宋西天三藏朝奉大夫试光禄卿传法大师施护奉　诏译

如是我闻。一时，世尊在王舍城鹫峰山中，与大苾刍众千二百五十人俱，并诸菩萨摩诃萨众而共围绕。

尔时，世尊即入甚深光明宣说正法三摩地。时观自在菩萨摩诃萨在佛会中，而此菩萨摩诃萨已能修行甚深般若波罗蜜多，观见五蕴自性皆空。

尔时，尊者舍利子承佛威神，前白观自在菩萨摩诃萨言："若善男子、善女人，于此甚深般若波罗蜜多法门，乐欲修学者，当云何学？"

时观自在菩萨摩诃萨告尊者舍利子言：

"汝今谛听，为汝宣说。若善男子、善女人，乐欲修学此甚深般若波罗蜜多法门者，当观五蕴自性皆空。何名五蕴自性空耶？所谓即色是空，即空是色；色无异于空，空无异于色。受、想、行、识，亦复如是。

"舍利子！此一切法如是空相，无所生无所灭，无垢染无清净，无增长无损减。

"舍利子！是故空中无色，无受、想、行、识。无眼、耳、鼻、舌、身、意，无色、声、香、味、触、法。无眼界，无眼识界，乃至无意界，无意识界。无无明，无无明尽，乃至无老死，亦无老死尽。无苦、集、灭、道。无智，无所得，亦无无得。

"舍利子！由是无得故，菩萨摩诃萨，依般若波罗蜜多相应行故，心无所著亦无挂碍。以无著无碍故，无有恐怖，远离一切颠倒妄想，究竟圆寂。所有三世诸佛，依此般若波罗蜜多故，得阿耨多罗三藐三菩提。

"是故，应知般若波罗蜜多，是广大明，是无上明，是无等等明。而能息除一切苦恼，是即真实无虚妄法，诸修学者当如是学。

"我今宣说般若波罗蜜多大明曰：

"怛𠱥 (宁也切[1]) 他 (引[2]一) 唵 (引) 誐帝 (引) 誐帝 (引二) 播 (引) 啰誐帝 (引三) 播 (引) 啰僧誐帝 (引四) 冒提莎 (引) 贺 (引五)。

"舍利子！诸菩萨摩诃萨，若能诵是般若波罗蜜多明句，是即修学甚深般若波罗蜜多。"

尔时，世尊从三摩地安详而起，赞观自在菩萨摩诃萨言："善哉，善哉！善男子！如汝所说，如是，如是！般若波罗蜜多当如是学，是即真实最上究竟，一切如来亦皆随喜。"

佛说此经已，观自在菩萨摩诃萨并诸苾刍，乃至世间天、人、阿修罗、乾闼婆等一切大众，闻佛所说，皆大欢喜，信受奉行。

佛说圣佛母般若波罗蜜多经

[注释]

[1]切：古人给汉字的一种注音方法。取上字的声母，取下字的韵母和声调。

[2]引：表示该字要念"长音"。

普遍智藏般若波罗蜜多心经

摩竭提国三藏沙门法月重译

如是我闻。一时，佛在王舍大城灵鹫山中，与大比丘众满百千人，菩萨摩诃萨七万七千人俱。其名曰观世音菩萨、文殊师利菩萨、弥勒菩萨等，以为上首。皆得三昧总持，住不思议解脱。

尔时，观自在菩萨摩诃萨在彼敷坐，于其众中即从座起，诣世尊所，面向合掌，曲躬恭敬，瞻仰尊颜而白佛言："世尊！我欲于此会中，说诸菩萨普遍智藏般若波罗蜜多心。唯愿世尊听我所说，为诸菩萨宣秘法要。"尔时，世尊以妙梵音告观自在菩萨摩诃萨言："善哉，善哉！具大悲者，听汝所说，与诸众生作大光明。"

于是观自在菩萨摩诃萨蒙佛听许，佛所护念，入于慧光三昧正受。入此定已，以三昧力行深般若波罗蜜多时，照见五蕴自性皆空。彼了知五蕴自性皆空，从彼三昧安详而起。即告慧命舍利弗言："善男子！菩萨有般若波罗蜜多心，名普遍智藏。汝今谛听，善思念之。吾当为汝分别解说。"作是语已，慧命舍利弗白观自在菩萨摩诃萨言："唯大净者，愿为说之，今正是时。"

于斯告舍利弗："诸菩萨摩诃萨应如是学。色性是空，空性是色；色不异空，空不异色；色即是空，空即是色。受、想、行、识，亦复如是。识性是空，空性是识；识不异空，空不异识；识即是空，空即是识。

"舍利子！是诸法空相，不生不灭，不垢不净，不增不减。

"是故空中无色，无受、想、行、识。无眼、耳、鼻、舌、身、意，无色、声、香、味、触、法。无眼界乃至无意识界。无无明，亦无无明尽，乃至无老死，亦无老死尽。无苦、集、灭、道。无智，亦无得。

"以无所得故，菩提萨埵，依般若波罗蜜多故，心无挂碍。无挂碍故，无有恐怖，远离颠倒梦想，究竟涅槃。三世诸佛，依般若波罗蜜多故，得阿耨多罗三藐三菩提。

"故知般若波罗蜜多，是大神咒，是大明咒，是无上咒，是无等等咒。能除一切苦，真实不虚。故说般若波罗蜜多咒。"

即说咒曰：

"揭谛揭谛,波罗揭谛,波罗僧揭谛,菩提莎婆诃。"

佛说是经已,诸比丘及菩萨众,一切世间天、人、阿修罗、乾闼婆等,闻佛所说,皆大欢喜,信受奉行。

普遍智藏般若波罗蜜多心经

般若波罗蜜多心经

罽宾国三藏般若共利言等[①]译

如是我闻。一时,佛在王舍城耆阇崛山中,与大比丘众及菩萨众俱。时佛世尊即入三昧,名广大甚深。尔时,众中有菩萨摩诃萨名观自在,行深般若波罗蜜多时,照见五蕴皆空,离诸苦厄。

即时舍利弗承佛威力,合掌恭敬,白观自在菩萨摩诃萨言:"善男子!若有欲学甚深般若波罗蜜多行者,云何修行?"如是问已。

尔时观自在菩萨摩诃萨告具寿舍利弗言:

"舍利子!若善男子、善女人行甚深般若波罗蜜多行时,应观五蕴性空。

"舍利子!色不异空,空不异色;色即是空,空即是色。受、想、行、识,亦复如是。

"舍利子!是诸法空相,不生不灭,不垢不净,不增不减。

"是故空中无色,无受、想、行、识。无眼、耳、鼻、舌、身、意,无色、声、香、味、触、法。无眼界,乃至无意识界。无无明,亦无无明尽,乃至无老死,亦无老死尽。无苦、集、灭、道。无智,亦无得。

"以无所得故,菩提萨埵,依般若波罗蜜多故,心无挂碍。无挂碍故，无有恐怖，远离颠倒梦想，究竟涅槃。三世诸佛，依般若波罗蜜多故，得阿耨多罗三藐三菩提。

"故知般若波罗蜜多，是大神咒，是大明咒，是无上咒，是无等等咒。能除一切苦，真实不虚。故说般若波罗蜜多咒。"

即说咒曰：

"蘖谛蘖谛，波罗蘖谛，波罗僧蘖谛，菩提娑（苏纥反②）婆诃。

"如是，舍利弗！诸菩萨摩诃萨于甚深般若波罗蜜多行，应如是行。"如是说已。

即时世尊从广大甚深三摩地起，赞观自在菩萨摩诃萨言："善哉，善哉！善男子！如是，如是！如汝所说。甚深般若波罗蜜多行，应如是行。如是行时，一切如来皆悉随喜。"

尔时世尊说是语已，具寿舍利弗大喜充遍，观自在菩萨摩诃萨亦大欢喜。时彼众会天、人、阿修罗、乾闼婆等，闻佛所说，皆大欢喜，信受奉行。

般若波罗蜜多心经

[注释]

①共，是一起的意思。本经是般若三藏、利言等人合译。利言师从法月三藏，精通梵汉文字。

②反，和"切"字意义相同。

般若波罗蜜多心经

唐上都大兴善寺三藏沙门智慧轮奉　　诏译

如是我闻。一时，薄誐梵住王舍城鹫峰山中，与大苾刍众及大菩萨众俱。尔时世尊入三摩地，名广大甚深照见。时众中有一菩萨摩诃萨名观世音自在,行甚深般若波罗蜜多行时,照见五蕴自性皆空。

即时具寿舍利子,承佛威神,合掌恭敬,白观世音自在菩萨摩诃萨言:"圣者!若有欲学甚深般若波罗蜜多行,云何修行?"如是问已。

尔时观世音自在菩萨摩诃萨告具寿舍利子言:

"舍利子!若有善男子、善女人,行甚深般若波罗蜜多行时,应照见五蕴自性皆空,离诸苦厄。

"舍利子!色空,空性见色;色不异空,空不异色;是色即空,是空即色。受、想、行、识,亦复如是。

"舍利子!是诸法性相空,不生不灭、不垢不净、不减不增。

"是故空中无色,无受、想、行、识。无眼、耳、鼻、舌、身、意,无色、声、香、味、触、法。无眼界,乃至无意识界。无无明,亦无无明尽,乃至无老死尽。无苦、集、灭、道。无智,证无得。

"以无所得故,菩提萨埵,依般若波罗蜜多住,心无障碍。心无障碍故,无有恐怖,远离颠倒梦想,究竟寂然。三世诸佛,依般若波罗蜜多故,得阿耨多罗三藐三菩提,现成正觉。

"故知般若波罗蜜多,是大真言,是大明真言,是无上真言,是无等等真言。能除一切苦,真实不虚。故说般若波罗蜜多真言。"

即说真言:

"唵(引)誐帝誐帝,播(引)啰誐帝,播(引)啰散誐帝,冒(引)地娑缚(二合①)贺(引)。

"如是,舍利子!诸菩萨摩诃萨,于甚深般若波罗蜜多行,应如是学。"

尔时世尊从三摩地安祥而起,赞观世音自在菩萨摩诃萨言:"善哉,善哉!善男子!如是,如是!如汝所说。甚深般若波罗蜜多行,应如是行。如是行时,一切如来悉皆随喜。"

尔时世尊如是说已,具寿舍利子,观世音自在菩萨,及彼众会一切世间天、人、阿苏啰、巘驮嚩等,闻佛所说,皆大欢喜,信受奉行。

般若波罗蜜多心经

[注释]

①二合,表示二个音一起念,将第一个字的子音接到第二个带有母音的子音之前,快速地发出音来。

般若波罗蜜多心经(敦煌石室本)

国大德三藏法师沙门法成译

如是我闻。一时,薄伽梵住王舍城鹫峰山中,与大苾刍众及诸菩萨摩诃萨俱。尔时世尊等入甚深明了三摩地法之异门。复于尔时,观自在菩萨摩诃萨行深般若波罗蜜多时,观察照见五蕴体性悉皆是空。

时具寿舍利子,承佛威力,白圣者观自在菩萨摩诃萨曰:"若善男子欲修行甚深般若波罗蜜多者,复当云何修学?"作是语已。

观自在菩萨摩诃萨答具寿舍利子言:

"若善男子及善女人,欲修行甚深般若波罗蜜多者,彼应如是观察,五蕴体性皆空。

"色即是空,空即是色;色不异空,空不异色。如是受、想、行、识,亦复皆空。

"是故舍利子!一切法空性,无相,无生无灭,无垢离垢,无减无增。

"舍利子!是故尔时空性之中,无色、无受、无想、无行亦无有识。无眼、无耳、无鼻、无舌、无身、无意,无色、无声、无香、无味、无触、无法。无眼界,乃至无意识界。无无明,亦无无明尽,乃至无老死，亦无老死尽。无苦、集、灭、道。无智，无得，亦无不得。

"是故舍利子！以无所得故，诸菩萨众依止般若波罗蜜多，心无障碍，无有恐怖，超过颠倒，究竟涅槃。三世一切诸佛，亦皆依般若波罗蜜多故，证得无上正等菩提。

"舍利子！是故当知般若波罗蜜多大密咒者，是大明咒，是无上咒，是无等等咒。能除一切诸苦之咒，真实无倒。故知般若波罗蜜多是秘密咒。"

即说般若波罗蜜多咒曰：

"峨帝峨帝，波啰峨帝，波啰僧峨帝，菩提莎诃。

"舍利子！菩萨摩诃萨应如是修学甚深般若波罗蜜多。"

尔时世尊从彼定起，告圣者观自在菩萨摩诃萨曰："善哉，善哉！善男子！如是，如是！如汝所说。彼当如是修学般若波罗蜜多，一切如来亦当随喜。"

时薄伽梵说是语已，具寿舍利子，圣者观自在菩萨摩诃萨，一切世间天、人、阿苏罗、乾闼婆等，闻佛所说，皆大欢喜，信受奉行。

般若波罗蜜多心经

主要参考书目

《华严经》 实叉难陀译

《般若波罗蜜多心经注解》 宗泐、如玘注解

《俱舍论》 世亲造 玄奘译

《大乘五蕴论》 世亲菩萨造 玄奘译

《大乘广五蕴论》 安慧菩萨造 地婆诃罗译

《大智度论》 龙树菩萨造 鸠摩罗什译

后　记

距离上次写《金刚经》的注释，不觉间已过十八载矣。回想当年，真是年轻气盛，或者说无知者无畏。放到现在，断然不敢也。

今又蒙古籍社不弃，刘晓先生邀写《心经》注释，因有《金刚经》在先，自思《心经》与《金刚经》正可相互印证，己虽不敏，所悟又少，然能与大家分享点滴所学，或许不是一件坏事。于是再次斗胆动笔。

本书实不敢称为《心经》作注，只是汇报自己所学所悟而已。未动笔前，以为不难，真一动笔，才知非易。战战兢兢，实恐误人误己。书稿既成，唯愿能对大家理解《心经》有益，也算不负大家的信任。

在此要特别感谢崔杰先生，崔先生为本书提了很多宝贵意见，并提供了他本人所讲《心经》的录音，本人采纳了其中很多的观点，同时也受到非常大的启发。

2022 年 6 月